中华特产品鉴全攻略

醉美特产

行摄旅途编辑部 主编

北京·旅游教育出版社

主　编： 徒步天涯

编　委：（排名不分先后）

孙　沛	祝世超	马　静	杜蒙蒙
罗凤琴	陈雪姣	杨晓东	赵一文
李　然	王军锋	周鸣敏	江　飞
王　欢	谌立军	陈代明	邓　阳
邓益香	谌雨霞	邓幸妮	洪　武
程　倩	邓琴书	王　超	梁　慧
夏鸥云	唐　璐	刘小波	闵颖慧
黄　玉	霍庆冬	罗　垠	潘吉钜
彭赠忠	杨成芳	雒岩卫	张　娟
曹昌虹	秦玉虎	张冬霞	赵东瑾
王雷鸣	宗　静	李鹏飞	徐丽丽
李瑶瑶	宫　烁	江鑫淼	杜　慧

前言

您想踏上旅途，购遍中华特产吗？您想进入各大商业街、超市，独享当地购物风情吗？《醉美特产——中华特产品鉴全攻略》就是您最好的导师、最佳的伴侣……

本书精心挑选200余种风味特产，以流畅、通俗的文字，极具视觉效果的图片，倾情呈现，令您足不出户就充满购物激情，欲罢不能……那老北京的烤鸭、景泰蓝、稻香村，那大上海的崇明老白酒、高桥点心、嘉定竹刻，那安徽的宣纸、宣笔、徽墨，那河南的信阳毛尖茶、开封汴绣、洛阳牡丹，还有那来自宝岛台湾的凤梨酥、冻顶乌龙茶、曾记麻糬……无不独具特色，值得收藏、购买。

丰富的特产背后定然有着传承已久的典故文化。本书特设"必享典故"模块，让您在尽情购物的同时，全方位领略其趣味横生的逸闻、典故。

更为体贴的是，本书还专设"必知鉴赏技巧"、"必购正宗地"、"必知价格"模块，助您买到货真价实的特产；让您了解该特产的地位，熟知其最正宗的购买地、最准确的售卖价格。

您准备好踏上征程，为您的家人和朋友购买特色礼品了吗？！还不携带本书，背起行囊，怀揣旅人的梦想，漫步于大北京的王府井、前门大街，夜上海的南京路步行街、人民广场；独行于"瓷都"景德镇、洛阳牡丹园；徜徉于青岛啤酒城、福山咖啡馆？

请尽情享受那讨价还价的购物乐趣吧。但愿您购买之余，别忘了体验那独特的地域文化、丰富的民俗风情！

行摄旅途编辑部

  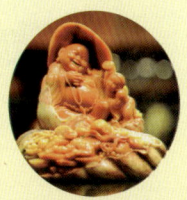  

使用说明

醉美特产 02

北京烤鸭

必购特产 北京烤鸭历史悠久，凡来北京旅游的国内外宾客，都以一尝北京烤鸭为荣。难怪北京流传："不到长城非好汉，不吃烤鸭真遗憾。"北京烤鸭分为两大流派，包括"挂炉烤鸭"、"焖炉烤鸭"。前者以全聚德为代表；后者以便宜坊为代表。

全聚德烤鸭采用挂炉烤法，鸭子不开膛，只在身上开个小洞，把内脏拿出来，然后往鸭肚子里面灌开水，再把小口系上后挂在火上烤制而成。"焖炉烤鸭"则是"鸭子不见明火"，由炉内炭火和烧热的炉壁焖烤而成。其对烤制技术要求很高。

— 体验特产的极致享受

必知鉴赏技巧 （1）看包装。目前市场销售的原味全聚德真空烤鸭均为枣红色包装，而黄色包装早已退出市场；而内部则分为半只装或一只装两种，若添加了甜面酱或碎肉一类，可断定为假冒产品。（2）看识别码。货真的烤鸭在内包装袋上有唯一的识别编码。（3）看价格。生产成本即40多元，市场上低于68元的，均为假货。

— 多角度鉴赏特产，以助买到正宗产品

前门全聚德牌楼

必享典故 清道光十四年（1834年），年仅15岁的河北冀县杨家寨人杨全仁迫于生计，离开家乡只身来到京城谋生。在前门帅府街肉版赶卖生鸡鸭来卖。他每天摆摊都会路过一家名为"德聚全"的干果铺。这间铺子招牌虽然醒目，但是生意却是每日愈下。到了同治三年（1864年）濒临倒闭。45岁的杨全仁便拿出全部积蓄，盘下了这间店铺。

杨全仁对店铺的名字非常看重，按照风水先生的意见，将"德聚全"改为"全聚德"。杨全仁礼贤下士，重金聘请了专为宫廷做挂炉御膳烤鸭的孙姓老师傅，把宫廷烤鸭这一美味带到了民间。孙老师傅改良了烤鸭挂炉和烤鸭技术，使全聚德的烤鸭丰盈饱满、色呈红枣、皮脆肉嫩、鲜美酥香，比宫廷烤鸭更胜一筹。从此，"全聚德"扬名京城。

— 讲述传承至今的特产趣闻、典故、由来

必购正宗地 全聚德集团各餐饮企业；各大型商业卖场、连锁超市；全聚德各京点食品店、食品专柜。

— 资深买家必选的特产名店

必知价格 正宗全聚德烤鸭，每只68元以上。

— 资深买家实地考察的特产行情

目 录

一 北京特产

北京烤鸭 2
景泰蓝 3
北京果脯 4
茯苓饼 5
北京雕漆 6
二锅头 7
稻香村 8
六必居酱菜 9
瑞蚨祥绸布 10
内联升鞋 11
马聚源帽子 12
天福号酱肘子 13
王麻子刀剪 14
北京绢花 15

二 天津特产

桂发祥麻花 17
泥人张彩塑 18
杨柳青年画 19
风筝魏 20
天津砖刻 21
独流老醋 22
王朝半干白葡萄酒 23
盘山盖柿 24

醉美特产

河北特产 一

白洋淀咸鸭蛋 26
鲜花玫瑰饼 27
蔚县剪纸 28
满族旗鞋 29

山西特产 二

汾酒 31
竹叶青酒 32
老陈醋 33
沁水黄小米 34
古县核桃 35
长治堆锦 36
澄泥砚 37

内蒙古特产 三

马奶酒 39
蒙古刀 40
内蒙奶酪 41
西旗羊肉 42
内蒙古牛肉干 43

辽宁特产

不老林糖 45
北镇猪蹄 46
岫岩玉雕 47
大连贝雕 48

吉林特产

长白山人参 50
鹿茸 51
林蛙油 52
高山红景天 53
松茸蘑 54

黑龙江特产

貂皮 56
黑木耳 57
松子 58
哈尔滨红肠 59
大马哈鱼 60
五常大米 61

醉美特产 04

上海特产 一

上海绒绣 63
崇明老白酒 64
松江鲈鱼 65
高桥点心 66
城隍庙梨膏糖 67
嘉定黄草编 68
上海面塑 69
上海牙雕 70
嘉定竹刻 71

江苏特产 二

苏绣 73
宜兴紫砂陶器 74
碧螺春茶 75
镇江醋 76
南京云锦 77
缂丝 78
苏州丝绸 79
扬州酱菜 80
扬州漆器 81
高邮咸鸭蛋 82

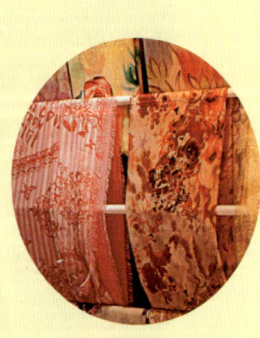

05 目录

一 浙江特产

- 都锦生丝绸 84
- 西湖龙井 85
- 张小泉剪刀 86
- 王星记扇子 87
- 昌化鸡血石 88
- 安吉白茶 89
- 善琏湖笔 90
- 绍兴黄酒 91
- 金华火腿 92
- 龙泉青瓷 93
- 龙泉剑 94
- 青田石雕 95
- 杭白菊 96

二 安徽特产

- 黄山毛峰 98
- 祁门红茶 99
- 宣纸 100
- 宣笔 101
- 徽墨 102
- 古井贡酒 103
- 太平猴魁 104

三 福建特产

- 寿山石 106
- 福州纸伞 107
- 安溪铁观音 108
- 福州脱胎漆器 109
- 德化白瓷 110
- 福州软木画 111
- 厦门漆线雕 112
- 漳州木偶头 113
- 金骏眉 114

醉美特产

一 江西特产

- 景德镇陶瓷 116
- 四特酒 117
- 遂川狗牯脑茶叶 118
- 庐山云雾茶 119
- 万载夏布 120
- 南丰蜜橘 121

二 山东特产

- 东阿阿胶 123
- 木鱼石茶具 124
- 崂山云峰茶 125
- 羽毛画 126
- 青岛啤酒 127
- 即墨老酒 128
- 金奖白兰地 129
- 山东煎饼 130
- 潍坊风筝 131

三 河南特产

- 开封汴绣 133
- 洛阳牡丹 134
- 钧瓷 135
- 洛阳唐三彩 136
- 朱仙镇木版年画 137
- 淮阳泥泥狗 138
- 浚县泥咕咕 139
- 信阳毛尖茶 140
- 南阳玉器 141

07 目录

一 湖北特产

黄陂泥塑 143
武当剑 144
十堰绿松石 145
孝感麻糖 146

二 湖南特产

湘绣 148
湘莲 149
捞刀河刀剪 150
铜官陶器 151
菊花石雕 152
岳州羽毛扇 153
君山银针茶 154

三 广东特产

粤绣 156
广彩瓷器 157
端砚 158
阳江风筝 159
新会葵扇 160

醉美特产 08

广西特产 一

壮锦 162
合浦珍珠 163
靖西绣球 164
桂林三宝 165
沙田柚 166
罗汉果 167
蛤蚧 168

海南特产 二

海南椰雕 170
苦丁茶 171
海南咖啡 172
海南红豆 173
黄花梨佛珠 174
黎锦 175

重庆特产 三

江津米花糖 177
合川桃片 178
永川皮蛋 179
灯影牛肉 180
磁器口陈麻花 181
涪陵榨菜 182

一 四川特产

- 蜀锦 184
- 蜀绣 185
- 五粮液 186
- 泸州老窖 187
- 剑南春 188
- 绵竹年画 189

二 贵州特产

- 茅台酒 191
- 安顺蜡染 192
- 苗族银饰 193
- 大方漆器 194
- 播娜摩簸箕画 195
- 黄平泥哨 196
- 芦笙 197

三 云南特产

- 普洱茶 199
- 斑铜 200
- 大理扎染布 201
- 建水紫陶 202
- 宣威火腿 203
- 腾冲玉器 204
- 葫芦丝 205
- 香格里拉松茸 206
- 独龙毯 207
- 文山三七 208
- 藤编 209

醉美特产

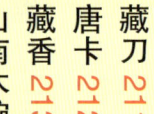

一 西藏特产

藏刀 211
唐卡 212
藏香 213
山南木碗 214
贡嘎毽毽（藏毯）215
藏戏面具 216
哈达 217
天珠 218
雪莲花 219

二 陕西特产

西凤酒 221
凤翔彩塑 222
韩城"大红袍"花椒 223
剪纸 224
蓝田玉 225
临潼石榴 226

三 甘肃特产

洮砚 228
夜光杯 229
苦水玫瑰 230
三炮台 231
庆阳香包 232
兰州百合 233
软儿梨 234
蕨麻 235

一 宁夏特产

枸杞 237
发菜 238
贺兰石 239
滩羊皮 240
甘草 241
沙棘 242

二 青海特产

青稞酒 244
可可西里牦牛肉干 245
昆仑玉 246
茶卡盐 247

三 新疆特产

和田玉 249
伊犁酒 250
新疆地毯 251
哈密瓜 252
吐鲁番葡萄干 253
库尔勒香梨 254
和田玉枣 255

醉美特产

香港特产  一

香港鸡仔饼 257
丝袜奶茶 258
周大福珠宝 259
香港虾酱 260
香港燕窝 261

澳门特产 二

葡式蛋挞 263
杏仁饼 264
葡国红葡萄酒 265
马介休 266

台湾特产 三

凤梨酥 268
冻顶乌龙茶 269
曾记麻糬 270
新竹米粉 271
金门高粱酒 272
台东释迦 273
金门贡糖 274
红珊瑚 275

北京特产

　　北京历史悠久，自古以来形成了许多制作精细、传承有序、堪称品牌的特产，为旅游北京的人们提供了多种选择机会。

　　在北京，常见的特产有：北京烤鸭、景泰蓝、北京果脯、茯苓饼、北京雕漆、二锅头、稻香村、六必居酱菜、瑞蚨祥绸布、内联升鞋、马聚源帽子、天福号酱肘子、王麻子刀剪、北京绢花等。

北京烤鸭

必购特产

北京烤鸭历史悠久，凡来北京旅游的国内外宾客，都以一尝北京烤鸭为荣。难怪北京流传："不到长城非好汉，不吃烤鸭真遗憾。"北京烤鸭分为两大流派，包括"挂炉烤鸭"、"焖炉烤鸭"。前者以全聚德为代表，后者以便宜坊为代表。

全聚德烤鸭采用挂炉烤法，鸭子不开膛，只在身上开个小洞，把内脏拿出来，然后往鸭肚子里面灌开水，再把小口系上后挂在火上烤制而成。"焖炉烤鸭"则是"鸭子不见明火"，由炉内炭火和烧热的炉壁焖烤而成。其对烤制技术要求很高。

必知鉴赏技巧

①看包装。目前市场销售的原味全聚德真空烤鸭均为枣红色包装，而黄色包装早已退出市场；而内部则分为半只装或一只装两种，若添加了甜面酱或碎肉一类，可断定为假冒产品。②看识别码。货真的烤鸭在内包装袋上有唯一的识别编码。③看价格。生产成本即40多元，市场上低于68元的，均为假货。

前门全聚德牌楼

必赏典故

清道光十四年（1834年），年仅15岁的河北冀县杨家寨人杨全仁迫于生计，离开家乡只身到京城闯荡，在前门外肉市街做起了生鸡鸭买卖。他每天摆摊都会路过一家名为"德聚全"的干果铺。这间铺子招牌虽然醒目，但是生意却是每况愈下。到了同治三年（1864年）濒临倒闭。45岁的杨全仁便拿出全部积蓄，盘下了这间店铺。

杨全仁对店铺的名字非常看重，按照风水先生的意见，将"德聚全"改为"全聚德"。杨全仁礼贤下士，重金聘请了专为宫廷做挂炉御膳烤鸭的孙姓老师傅，把宫廷烤鸭这一美味带到了民间。孙老师傅改良了烤鸭挂炉和烤鸭技术，使全聚德的烤鸭丰盈饱满、色呈红枣、皮脆肉嫩、鲜美酥香，比宫廷烤鸭更胜一筹。从此，"全聚德"扬名京城。

必购正宗地

全聚德集团各餐饮企业；各大型商业卖场、连锁超市；全聚德各京点食品店、食品专柜。

必知价格

正宗全聚德烤鸭，每只68元以上。

03 北 京 特 产

景泰蓝

 景泰蓝，又名珐琅，起源于元代，盛行于明代景泰年间（1450—1457年），又因其釉料颜色主要为蓝色（孔雀蓝、宝石蓝），故而得名"景泰蓝"。景泰蓝作为我国的一种独特工艺品，距今已有600多年，但其最初是属于皇室的帝王级奢侈品，被誉为"一件景泰蓝，十件官窑器"。

景泰蓝以金、银、铜贵重金属为原料，经过掐丝、烧焊、点蓝、烧蓝、磨光、镀金等10余道工艺精制而成。1904年，在芝加哥世博会上，"宝鼎炉"景泰蓝荣获一等奖；1915年的巴拿马万国博览会上，它再获一等奖。现今，它已驰名世界，并受到各国人民的喜爱。

 ①景泰蓝以胎体厚重、工艺精细者为最佳。清道光年间（1821—1851年）以后制作的景泰蓝，器胎和重量都轻巧。②从器型上看，以人物、动物为最佳，其次以炉、瓶为佳，最后为碗、碟、杯等。③鉴别真伪时，一看重量，二看包浆。真品入手重，赝品入手较轻；真品（一两百年以上）包浆厚重、内敛，赝品釉料锋芒外露。

必享典故

传说元朝初年，皇宫在一次大火中毁于一旦。后来人们在废墟中发现了一件宝瓶，色彩斑斓，工艺考究。群臣将宝瓶献给了皇帝，并说这是上天所赐。没想到皇上对此物十分钟情，当即下圣旨调集了京城所有能工巧匠仿造该物，并限期3个月完成，否则杀头。

皇帝圣旨一下，京城里许多家手工坊的工匠们开始忙前忙后，但一时不能参透宝瓶的工艺。最后，重任落在了京城第一名匠"巧手李"的身上。传说他是女娲后裔，因手艺精巧故名"巧手李"。某天，"巧手李"说女娲娘娘托梦云："宝瓶如花放光彩，全凭巧手把花栽，不得白芨花不开，不经八卦蝶难来，不受水浸石磨苦，哪能留得春常在。"其后他参透了此梦；原来皇宫大火时，金銮殿里的宝石、金银烧熔在一起形成了宝瓶。由此，宝瓶被制作了出来。

 北京珐琅厂是全国景泰蓝行业中唯一的一家中华老字号。地址：北京市东城区永定门外安乐林路10号。电话：010-67211677/67211675。

 价位不等，便宜的有10块钱的机制景泰蓝，大师级景泰蓝作品则高达几千万元。

北京果脯

必购特产

果脯是北京的一大特产，称京式果脯，主要包括杏脯、梨脯、秋海棠等上千个品种和几百种规格，均被农业部认定为绿色食品。它采用宫廷传统秘方，由鲜果精加工而成，而且保留了原有果品所含有的营养成分。1913年，前门聚顺和的果脯制品，在巴拿马万国博览会上荣获金奖。现在，它已闻名中外，受到世界人民的青睐。北京果脯因果品原料优质，所以具有块形完整、肉质丰富、质地柔软、原果味浓且营养价值高的特点，是馈赠亲友的绝佳礼品。

必知鉴赏技巧

果脯品名不同，形状、色泽和口味也不同。苹果脯：半圆形；金黄色，有胶性，半透明；香甜。杏脯：扁圆，整形；红黄或淡黄，半透明，质地柔软，有弹性；酸甜，带原果香。梨脯：扁圆，整形；深黄或淡黄色，半透明；甜美。

仿膳饭庄

必享典故

传说，果脯最早是明朝御膳房独家生产的。当皇帝的，一年四季都要吃新鲜果品。于是厨师们就想尽一切办法来贮存各个季节所产的水果。后来，他们发现了将果品分类泡在蜂蜜里的办法，好让皇帝随时食用。再后来，这种制作方法从皇宫里传了出来，渐渐发展成了果脯，距今已有300多年的历史。

必购正宗地

北海仿膳饭庄，地址：西城区景山西街北海公园东门内；电话：010-64042573/64011889。王府井百货大楼，地址：北京市东城区王府井大街255号；电话：010-65223388。

必知价格

以盒装的来说，便宜的10多块钱，好的在100块钱以上。

北京特产

茯苓饼

慈禧太后

必购特产

茯苓饼,又名茯苓夹饼,原是清朝末年的宫廷食品。其原料为精白面粉、绵白糖、核桃、蜂蜜、桂花,因含有丰富的蛋白质和多种维生素,很适合妇女及老人食用。

茯苓饼的制作步骤分三步:其一,制饼皮。将面粉与淀粉调成糊,将面糊置于模具然后合拢数秒钟,待其成薄圆片,再取出饼皮。其二,制馅。将蜂蜜、砂糖放在锅里熬熔,然后将切细的核桃仁、桂花放入糖中拌匀。其三,成型。取40克馅摊平在饼皮上,然后在馅料上再覆盖一张皮子即成。其实,早在南宋的《儒门事亲》中,就已载有它的制作方法:"茯苓四两,白面二两,水调作饼,以黄蜡煎熟。"

必享典故

话说慈禧太后自从得病后,不思饮食。在有人劝她向法海寺老方丈求医后,老方丈为她进献了自己亲手制作的圆饼数枚,让她服用。没想到慈禧连吃了3枚后,精神便清爽许多。3天过后,病势好转。她为了搞懂小圆饼的奥妙,也为了答谢老方丈,便亲往法海寺访老方丈。

到了法海寺后,老方丈对慈禧说:"人生在世不求仙,五谷百草保平安。此饼乃是老衲所采茯苓所制,名曰'茯苓饼',有养生健身奇效。"慈禧回京后,命御医按老方丈的方法试制"茯苓饼"。不久,这道精美饼食就面世了。据说,老佛爷经常进食"茯苓饼"后,不仅很少犯心疼病,而且头发也由白变黑了。后来,此饼传入民间,深受人们欢迎。

必知鉴赏技巧

成品皮薄如纸,且以馅为主。

必购正宗地

目前,在北京商场均能买到,但以稻香村的产品为佳。

必知价格

因包装不同而价格不等,一般在20~40元。

北京雕漆

必购特产

雕漆是指在木、金属、瓷等材料的器物胎骨上，反复涂漆到相当厚度以后，再用刀在漆层上雕刻花纹制作出来的工艺品。雕漆制作手法有浮雕、浅雕、圆雕、半镂空和全镂空雕等多种，具有防潮、抗热、耐酸碱、不变形、不变质的特点，被誉为"京城一宝"，并与景泰蓝、玉雕、牙雕合称为京城工艺品"四大花旦"。

雕漆创始于唐代，距今已有1400多年的历史。由于工序烦琐，因而旧时一直为历代皇帝、皇妃宠爱和享用，属于宫廷艺术。如今的雕漆已经走进寻常百姓家，不过完成一件作品至少需3个月，多则甚至要1~2年时间，所以它仍是珍贵的艺术品。

必知鉴赏技巧

真雕漆阴阳差不可能比较大；注漆仿冒的雕漆，大多价钱很低；真雕漆有可能会有明显的刀刻的痕，假雕漆工业制模，没有刀痕；真雕漆光滑有内涵，假雕漆的光滑感较生硬。

竹编漆盒

必享典故

雕漆始于唐代。宋时，宫廷雕漆的器皿多以金、银为胎骨，雕刻技法圆熟，富丽华贵。元至元十二年（1275年），官府专设油漆局作为漆器作坊和工匠。工匠来自云南大理。元代雕漆题材以花卉为多，没有辅地，而人物、山水题材有锦地。明永乐至宣德年间（1403—1435年），宫廷设果园厂作雕漆工场，并诏令张德刚（雕漆工艺家张成之子）任营缮司所副。

清乾隆年间（1736—1795年），宫廷雕漆更为精工纤巧。光绪二十年（1894年），北京漆器匠师李茂隆在灯市口开设兴隆雕漆局，为宫廷修补雕漆器物等，并仿造生产，古玩商竞相收购。光绪二十七年（1901年），李茂隆及其弟子萧乐庵等再设继古斋，并且大量外销雕漆作品。其中在1915年的巴拿马万国博览会上，他们生产的"群仙祝寿"大围屏获金牌奖。

必购正宗地

北京工美艺术世界大厦工艺美术服务部，地址：北京市东城区王府井大街200号；电话：010-65127696。中外首工美术馆，地址：东城区北河沿大街83号1楼；电话：010-84017922。

必知价格

价格差别较大，一般的几百元，雕刻工艺高超的，要几万甚至几十万元。

07 北京特产

二锅头

北京酿制白酒的历史源远流长,起源于金代。至清代中期,烧酒质量有了较大提高。"二锅头"就是原材料在经过第二锅烧制时的"锅头"酒。其选料丰富,有小麦、高粱、玉米、玉米秸、玉米核、麦麸子和米糠等;工序复杂,一般要经过五到六次的发酵、上锅而成。二锅头的主要品牌有牛栏山二锅头、红星二锅头等,不仅国内有强大的销售网络,还远销加拿大、泰国、新加坡、韩国、俄罗斯等国。

牛栏山二锅头:①看标签。酒瓶上的标签背面,有机器加工形成的自然横纹,假冒品的横纹是印上去的,十分规则。②真品瓶盖上印的"牛头",在紫外线的照射下是发光的,假酒瓶盖上的"牛头"暗淡无光。

红星二锅头:①商标采用水印防伪技术,透过自然光可清晰地看到若干个"HX"水印图。②瓶盖侧面有防伪点,用紫外线灯照射可见红色"红星"或"HXGF"字样。③特制瓶盖顶部采用祈年殿图案,侧面防伪标志为"HXGF"4个字母。

二锅头

必享典故

北京二锅头的传统酿制技艺,起源于元代,成功于清康熙十九年(1680年),发扬光大则在新中国成立之后。1949年,为迎接新中国这颗"红星"的到来,第一批红星二锅头酒在9月投放市场,成为新中国诞生的献礼酒。此后,红星二锅头与共和国同行,并成为京味文化的典型代表之一。

在北京的各个销售点或代理销售点,都能买到。

以"红星二锅头"为例,因度数、规格不同而价格不同,有的10多元,有的几百元甚至上千元。

醉美特产

稻香村

北京稻香村，位于前门外观音寺，始建于清光绪二十一年（1895年）。其南店北开，前店后厂，是北京南味食品派系的代表，也是享有盛名的老字号食品企业。起初，稻香村以前店后厂（又叫"连家铺"）为经营模式，自制各式南味糕点、肉食，既好看又好吃，不但花样翻新，而且重油重糖，存放数日不干，在气候干燥的北京很受欢迎。稻香村生产的冬瓜饼、姑苏椒盐饼、猪油夹沙蒸蛋糕、杏仁酥、南腿饼等，在京师初次露面后，让习惯吃北方"大饽饽"的京城人体会到了精致的正宗南方美食。于是，这家南味杂食店没多久就"火"了起来。上到名人百官，下到平头百姓，食客络绎不绝。

目前北京市场上有北京、苏州、河北、香港等4家"稻香村"在售。北京稻香村的防伪标志为三色"三禾"。其"稻香村"三字由胡厥文先生题写，具有独特的个人风格魅力。而香港稻香村的标志则突出"香港"二字。

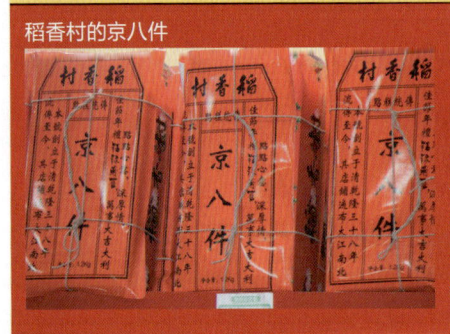

稻香村的京八件

关于"稻香村"的得名有两个说法：一说得名于《红楼梦》。据说，最初的店主王秋根的祖辈喜欢看《红楼梦》，后来他从《红楼梦》中得到启示，又联想到茶食糕点的原料都是稻麦，所以取名为"稻香村"。一说源于诗词。如"一畦春韭熟，十里稻花香"，"稻花香里说丰年，听取蛙声一片"，"新城粳稻，五里闻香"等。

稻香村在京有很多家专卖店，产品均很正宗。

以稻香村点心为例，好的一般在100元/盒以上。

六必居酱菜

必购特产 六必居酱菜,为北京六必居所产。相传,六必居始设于明嘉靖九年(1530年),距今已有480多年的历史。它原是山西临汾人赵存仁、赵存义、赵存礼兄弟开办的小店铺。门面房子为木结构建筑,1994年重新翻建,但仍保持着古香古色的魅力。店内有金字大匾一副,据说是明朝大学士严嵩题写。六必居在历史上盛极一时,是北京著名的老字号。

六必居有12种传统产品,分别是甜酱瓜、白糖蒜、稀黄酱、铺淋酱油、甜酱黑菜、甜酱黄瓜、甜酱甜露、甜酱姜芽、甜酱八宝菜、甜酱八宝瓜、甜酱什香菜和甜酱小酱萝卜。现在,不少传统名牌酱菜还被制成了罐头,远销国外。

必享典故 六必居金字大匾,为明朝首辅严嵩所书。此匾虽数遭劫难,仍保存完好,现已成为稀世珍品。六必居的名字包含了这样的含义:"黍稻必齐,曲蘖必实,湛之必洁,陶瓷必良,火候必得,水泉必香",意思是用料必须上等,下料必须如实,制作过程必须清洁,火候必须掌握适当,设备必须优良,泉水必须纯香。

必知鉴赏技巧 六必居的酱菜选料精细、制作严格,要精选北京大兴产的鲜嫩黄瓜,要6根共500克,并且须"顶花带刺",还得"条顺";要先腌制后酱制,冬季约需10天方成。市场上的一些酱腌菜产品则用食品添加剂腌制,两三天就上市,质量、味道当然没法比。

必购正宗地 总部地址在前门大栅栏东口粮食店街,在其他各大超市、商场均能买到。

必知价格 六必居酱菜,一般瓶装的在10元以内,盒装的在100元以上。

瑞蚨祥绸布

必购特产

清朝光绪十九年（1893年），北京瑞蚨祥绸布店正式开业，后成为享誉海内外的中华老字号，为旧京城"八大祥"之首。北京城流传多年的歌谣"头顶马聚源、身穿瑞蚨祥、脚踩内联升"，就是对瑞蚨祥名满京城的生动写照。瑞蚨祥绸布店的经营宗旨为"至诚至上、货真价实、言不二价、童叟无欺"，百年以来始终坚持如一，经营范围包括绸缎、呢绒、棉布、皮货、化纤、民族服装等。

必知鉴赏技巧

瑞蚨祥的绸布，选用的是上好的白布加工而成，缩水率小，下水也不褪色。

必享典故

1821年，瑞蚨祥在周村大街挂牌；1835年在济南开张第一家分号——瑞蚨祥绸布店。1876年瑞蚨祥年轻的掌门人孟洛川把目光投向了京城最繁华的商业区——大栅栏，投资8万两白银，成立北京瑞蚨祥绸布店。京城的达官显贵也成为瑞蚨祥的"客人"。瑞蚨祥先后制作了慈禧太后的寿袍、袁世凯的"皇服"。1900年，义和团的洗劫曾一度使瑞蚨祥遭受重创，店内所有账目和物品化为灰烬。新中国成立后，周恩来总理指定由瑞蚨祥制作中华人民共和国第一面五星红旗。

必购正宗地

总店地址：前门外大栅栏街5号；电话：010-63035313。金源分店：010-88893832；地安门分店：010-64066692；翠微路嘉茂分店：010-68213190。

必知价格

一般的瑞蚨祥绸布，价格在40元以内；质量上乘的，价格在几百甚至上千元。

11 北京特产

内联升鞋

必购特产　清咸丰三年（1853年），内联升由赵廷创办，总店位于前门大栅栏商业街34号，是目前国内规模最大的手工制作布鞋的生产企业。"内"指大内宫廷，"联升"寓意在宫廷官运亨通，连升三级。过去，老北京有句口头禅这样说：头顶马聚源，脚踩内联升，身穿八大祥，腰缠四大恒。其中，"脚踩内联升"说的是内联升鞋。内联升在老北京非常火，洋车夫穿的是内联升的靴鞋，朝廷文武大臣穿的是内联升的朝靴，就连末代皇帝溥仪登基穿的也是内联升做的龙靴。

毛泽东主席生前穿过的内联升的鞋

必知鉴赏技巧　内联升面料讲究，制鞋工艺精细，仅千层底布鞋鞋底的制作，就要经过七道工序。纳底，则要求每平方寸用麻绳纳81针以上。锤底也要求严格，将纳好的鞋底经热水浸泡及热焖后，用铁锤锤平后，不能走样。绱鞋的针码也是间距齐整，鞋帮与鞋底严合饱满，吃帮均匀。

必享典故

内联升的创始人赵廷是天津武清县人，早年在京城一家鞋作坊里学做鞋手艺。技术学成后，他便有了自己开鞋店的想法。为了与众不同，他盯上了"朝靴"这一高端鞋的空缺，"打坐轿人的生意"。赵廷很懂得人情世故，在经营内联升的过程中，他命人将来店里做过鞋的达官显贵的鞋码尺寸都记录下来。这样，以后那些达官显贵们不用亲自到店里，伙计们也能够为他们做出合适舒服的鞋子。

天长日久，内联升有了一本专门记录客户资料的《履中备载》。书中详细记录了来店顾客的姓名、职务、靴鞋尺寸、式样、特殊要求及爱好等。

必购正宗地　地址：西城区大栅栏街34号；电话：010-63014863/63041068。

必知价格　内联升的机工纳布鞋算是最便宜的，一般100多元。手工纳布鞋，一般要200多元。比较高端的是师傅纳的鞋底，要500元左右。

马聚源帽子

必购特产

马聚源位于北京前门外的大栅栏商业街，始建于清嘉庆二十二年（1817年），距今已有180多年的历史。其以销售帽子为主，是一家盛名远扬的中华老字号。清末，马聚源帽店是北京城的帽店之首，当时老北京人都以能拥有一顶马聚源帽子而自豪。

必知鉴赏技巧

首先，制帽的缎子要从南京正源兴绸缎庄进货。其绸缎分为元、顶、玉、铭、洪5等，而马聚源用的是第一等的元素缎。这种布料制作的帽子，不会出油，所以光亮好看。其次，工艺具有独创性，其帽胎同时具备弹性和韧性。最后，马聚源帽店帽结的制法和钉法堪称一绝。其帽结按尺寸分为3类，即一分、二分、三分；按类型则分为帽疙瘩、珊瑚、玛瑙和玉石等。

必享典故

马聚元出身于直隶马桥的一个农户之家，14岁便到北京谋求生路。他起初在一家成衣店做学徒，后又到一家帽子作坊工作。在这家帽子作坊，马聚元不仅学到了制作各种帽子的技艺，而且还学会了经营作坊之道。学成之后他就在前门大街鲜鱼口摆了个小帽子摊。他做的帽子样式精美，工艺上乘，价钱公道，所以销售很好。后来，马聚元买下了一间小铺面，经过简单装修后就开始营业了。

由于摆帽摊时积攒了很多的人气，所以，虽然只有一个小门面，但是他帽店生意很好。一天，一位官员买走了一顶马聚源帽子，并且非常喜欢，就推荐马聚元为朝廷做缨帽。于是，马聚源帽店开始了新的发展轨道，从一个普通的小帽店成为一个专为贵族官僚服务的官司帽店，名气剧增。

必购正宗地

以前门大栅栏的马聚源帽店最为正宗，位于北京西城区大栅栏街8号。电话：010-63035955。

必知价格

"马聚源"店里有近百个品种的帽子，既有上至上千元一顶的水貂、油塔、獾皮的皮帽，也有下至不同身份、年龄、职业人士的博士帽、前进帽、大檐帽、元顶帽等，还有时尚俏丽的时装女帽。

13 北京特产

天福号酱肘子

必购特产
"天福号"酱肘子创始于200年前,是北京一道著名的特色美食。其原料有猪肘子、桂皮、大茴、花椒、姜、绍酒、粗盐和糖色等。做法分三步:第一,将猪肘子与大茴、桂皮、花椒、姜、盐、绍酒、糖色一起放进锅里,然后加旺火煮到使猪肘出油,再从锅里捞出来清洗干净。第二,把锅清洗干净后,再用旺火烧沸,然后转中火,大约4小时后再转为小火,约焖1小时后就可取出了。第三,待酱肘子变凉后,用刀切分装盘,就可品尝了。

必知鉴赏技巧
"天福号"酱肘子肉皮酱紫油亮,汁浓味厚,香嫩软烂,入口后无油腻之感,并令人回味长久。

必享典故
清乾隆三年(1738年),身怀明廷酱肉绝技的刘凤翔携孙子刘抵明来京,于西单牌楼拐角处开办了"刘记酱肉铺"。刘凤翔为自己店铺想了好多名字,均不满意。一天他出门置办货物,途经一个旧货摊,看见了上书"天福号"的匾额。"天福号"寓意上天赐予的好福气。刘凤翔当即买下,高悬店铺门楣,从此就以"天福号"作为店铺的名字。

好名字果然带来了好福气。"天福"就在一个夜晚降临。这天夜晚,刘抵明一如既往地看着在锅中煮的肘子,不承想竟睡着了。待他醒来时发现肘子早就煮过了。爷孙俩经过一晚上加工,第二天将这锅肘子勉强出售。谁知,买了那锅肘子的人都夸赞肘子味道特别,香味奇特。于是,祖孙俩就在祖传技艺的基础上经过苦心钻研,研制了一套独特的制作肘子的秘方。

必购正宗地
总店地址:前门大街19号;电话:010-63035726。

必知价格
以盒装来说,便宜的在100元以内,贵的在300元以上。

醉美特产

王麻子刀剪

必购特产

明代以来，中国刀剪业中形成了一家最著名的中华老字号，那就是历经300余年沧桑的"王麻子"。人们自古流传着这样一句谚语："南有张小泉，中有曹正兴，北有王麻子。"

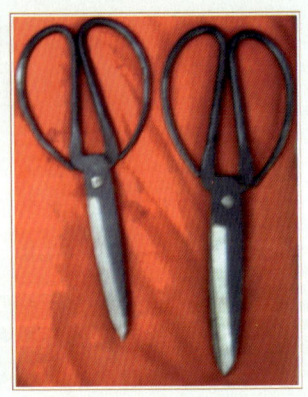

1959年，北京市人民政府正式命名成立王麻子刀剪厂。1979年，王麻子刀剪厂的产品被轻工部评为优质产品；1980年荣获国家银质奖；1984年，经全国评比，王麻子"黑老虎"剪刀名列全国第一。2007年，北京昌平区"王麻子"剪刀制作工艺申报北京市非物质文化遗产名录，通过国家级和市级专家论证。

 必知鉴赏技巧

第一，"三看"，即看外观、看刃口、看剪轴。第二，"两试"，即试剪刃、试手感。

必享典故

明末，山东青州有个铁匠叫田老万，祖传9代以打铁为生。他早年丧妻，膝下无子，有一女儿名田青，还有李顺和张兴两个徒弟。田老万手艺高超，把打铁的全部绝活都毫无保留地传授给了女儿，而对两徒弟却各授一半。到了清朝，田老万一病不起，几日后便离开人世。

后来，田青和她的两个师兄来到北京，几经周折后在汪驼子的帮助下开了一个"山东铁匠铺"。他们把个小铁匠铺干得红红火火。青儿长大成人后，由汪驼子为媒，嫁与一常来京城拉运货物的山西王姓商人为妻。王掌柜虽其貌不扬，满脸麻子，但他为人厚道、精明能干，颇善经营。

再后来，小两口开了一个经营刀剪等的杂货铺。王掌柜在得到妻子的真传后，开始自制刀剪，独家经营。为保证质量，掌柜的亲自下去选货，不合标准的一律不收。因此，生意兴隆，名声大振。当时的人因王掌柜面带麻子，日子长了，便习惯地称该店为"王麻子"。

 **必购正宗地**

总店地址：西城区煤市街88-1号；电话：010-63365740。

 **必知价格**

价格不等，便宜的一把在10元以内，贵的则几十元。

15 北京特产

北京绢花

必购特产

北京绢花，古时称"头饰花"，起源于唐代，距今已有1000多年的历史。元明清以来，北京是全国制作绢花的中心。北京崇文门外的花市大街，就是因为生产和销售"京花儿"而闻名遐迩。到了清代，绢花更为盛行。清宫内府御用工场所设的各种作坊就有"花儿作"，专司承造各色绫、绸、绢、纸、通草、米家花等，以供宴会、饰戴之用。

制作绢花的主要原料是真丝织物，也有少量的棉织品，还有染料、铁丝、淀粉等。绢花的制作过程分为选料、上浆、染色、窝瓣、烘干、定型、粘花和组枝等工序。有人说，有什么样的鲜花，就有什么样的"京花儿"。绢花制作艺人们心灵手巧，做出的朵朵绢花姹紫嫣红、千姿百态，就跟真的一样，仿佛能使人嗅到阵阵花香。

绢花：荷花

必享典故

唐代时，绢花成为妇女的主要装饰品。相传，唐玄宗李隆基的宠妃杨贵妃左鬓角上有块伤疤，为了遮丑，她每天都要让宫女们采摘鲜花戴在鬓角上。但是到了冬天，鲜花凋谢，宫女们就只能用绫、绸做成假花，作为替代品献给贵妃。后来，这种"头饰花"传到民间，盛行一时，并逐步发展成独具风格的手工艺品——"绢花"。

必知鉴赏技巧

北京绢花是用高级纯丝制作成的，分绢枝花和绢盆花两大类。绢花色形各异，无一重样。"花中之王"牡丹，艳如烟霞；"花中皇后"月季，妩媚俏丽；傲霜斗芳的秋菊，清雅飘逸；盛开的杜鹃，则把人们带进了"一堆红雪罩春烟"的意境。

必购正宗地

在商场、超市、头饰商店以及网上都能买到。

必知价格

便宜的在10元以下，贵的则几十块钱。

天津特产

　　作为中国四大直辖市之一的天津，有着悠久的发展历史，多才多艺的人物，故其民间工艺品也受到大众的青睐。泥人张彩塑、杨柳青年画、风筝魏、刻砖刘被称为大津四大民间艺术。此外，天津的地理位置优越，东靠渤海，北临燕山，其地势以平原和洼地为主，为农作物的生长创造了良好的环境。其名优产品数不胜数，有天津桂发祥麻花、独流老醋、王朝半干白葡萄酒、盘山盖柿等。

桂发祥麻花

必购特产

作为津门三绝之首的桂发祥麻花，因其店铺坐落于十八街，故又被称为十八街麻花。它在全国首届名特产认定会上被称为"中华名特产"，1993年被命名为"中华老字号"，还荣获亚太地区博览会金奖、国家部优金鼎奖，是中国的驰名商标，深受大众欢迎。

必知鉴赏技巧

第一是从外包装上鉴别，如今的桂发祥十八街麻花已经有了新的防伪标志。桂发祥集团已投入巨资将原包装全面更换为带有激光防伪标志的新包装，只要将包装微微倾斜观看，从各个角度看上去桂发祥的品牌元素都会有颜色上的变化。第二是从口感上鉴别，正宗的桂发祥麻花香、酥、脆、甜，还有带有桂花、桃仁、瓜条等各种馅心的什锦夹馅大麻花，味道十分诱人。

必购正宗地

天津十八街桂发祥麻花总店的味道最为正宗，地址是天津大沽南566号。其余分店的桂发祥麻花味道也较正宗。如桂发祥麻花前进道店（天津市河西区越秀路，022—28369443），桂发祥麻花和平分店（天津市辖区和平区小白楼街道长春道107号，022—27313576）。

十八街麻花总店

必享典故

相传清朝末年，一位名叫刘老八的人在"十八街"巷子里开了一家很小的麻花铺，字号为"桂发祥"。此人聪明能干，炸麻花是他的绝活。他家的麻花选料讲究，因此做出的麻花味道香气四溢，引来了众多顾客。后来他家的生意越做越红火，于是便开了一间大些的店铺。生意本来还不错，但是久而久之人们对这种单一的炸麻花感到有些生腻，刘老八的生意便不如以往了。老人很不甘心。

有一次店里的少掌柜外出游玩回来饥饿难耐，恰巧店里的点心没有了，只剩下一些点心渣，又正好赶上店里没有其他吃的。于是少掌柜灵机一动，让人把点心渣和麻花面放在一起油炸，结果炸出的麻花与以往不同，不仅清香扑鼻，味道也要比以前好。就这样刘老八费尽心思地去研究，终于研制出了带有各式馅心并且驰名中外的桂发祥麻花。

必知价格

其价格根据包装的大小而不同，一盒500克的什锦麻花约几十元至数百元。

泥人张彩塑

必购特产 泥人张彩塑历史悠久,早在清代时便享有盛誉。张明山从小就跟随父亲学捏泥人这一方面的技艺,通过用色彩和道具的装饰改变了传统捏泥人的技巧,从而形成了自己独特的风格。1979年天津人民出版社出版了《天津彩塑作品》,使其艺术品被国内外人士所熟知,同时也受到大众的广泛好评。"泥人张"还曾被有些国家邀请到国外进行艺术展示。日本的芦屋市有一座中国近代美术馆,1983年那里曾为天津"泥人张"彩塑建立了陈列专室,展出的作品多达58件。

必知鉴赏技巧 首先观察其使用的原料,即通过泥的好坏来鉴别,泥的黏性强并且含沙量少才好。这样捏制好的泥人即使放置很久,也不会开裂。其次,看天津泥人张彩塑的创作题材。正宗的泥人张彩塑的题材十分丰富。如,有民间生活方面、革命题材方面、舞台戏剧方面的,还有的直接从《红楼梦》《水浒传》《西厢记》等古典文学名著中取材。

必享典故 相传泥人张彩塑的创造者张明山每次看戏时都在袖子里藏些泥土。他常常一边看戏一边在自己的袖子里用泥捏头像,往往一场戏还没演完,他就捏好了戏中各个角色,而且每个人物形态各异,活灵活现。天津艺术博物馆中就珍藏着许多他的优秀作品,连北京颐和园和故宫博物院也藏有他的作品。《钟馗嫁妹》算得上是泥人张中最精彩的作品了。此套巨作中共包含29个形象,每个人物表情、动作不一,性格各异,十分逼真。

必购正宗地 以天津市古文化街和鼓楼的店最为正宗。

必知价格 泥人张彩塑的价格差异较大,根据泥人的大小、做工的难易,价钱从几元到几万元甚至是几十万元不等。

19 天津特产

杨柳青年画

杨柳青年画是中国著名的民间木版年画，它与苏州的桃花坞年画并称"南桃北柳"。此年画始于明代崇祯年间，清光绪之前是其鼎盛时期。它将木版套印和手工彩绘的方法相结合，创立了鲜明活泼的独特风格，还通过寓意、写实等多种手法表达出了人们的情感，寄托了人们的美好愿望。其中《莲年有余》《万象更新》等作品被大家所熟知并极受欢迎。2007年6月8日天津杨柳青画社获得了国家文化部颁发的首届文化遗产日奖。2010年5月9日世博天津活动周开幕时，杨柳青年画还作为参展项目向世人展示。

首先从画面的整体感觉来看，杨柳青年画构图饱满、笔法细腻、人物秀丽、气氛祥和、情节幽默、雅俗共赏；其次从制作方法上来看，其制作方法是"半印半画"，既具有版味，又具有手绘的工艺性，所以正宗的杨柳青年画富有中国的民间艺术韵味。

杨柳青画店

必享典故

传说元末明初的时候，一位擅长雕刻的民间艺人来到杨柳青镇避难，每到过年过节时他就刻些门神、灶王等出售。镇上的人们也纷纷效仿。明朝永乐年间由于大运河的再次开通，使得水彩和好的纸张大批地运到杨柳青镇。这里的绘画艺术由此得到了很大的发展。那时杨柳青镇的每个村子几乎"家家会点染，户户善丹青"。

第二次鸦片战争后，杨柳青年画走向了衰落。1926年霍玉堂在杨柳青镇创建了"玉成号"画庄，使这门艺术渐渐走向了复苏。

以天津古文化街和鼓楼的杨柳青年画最为正宗。

一般画是40~60元，裱过的100~120元，带镜框的150~180元，带画轴的240元左右。

风筝魏

 风筝魏的创始人是天津著名艺人魏元泰。他把一生的心血都放在了制作风筝上，创造出200多种风格。他改变了以往制作硬翅风筝为主的风格，创造出了新的技术。体积大的风筝可以折叠并被放入信封内。这样既便于携带又便于收藏，因此被大家称为"风筝魏"。

在风筝魏继承人的不断努力与创新下，其品种已经达到千余种。此工艺品曾多次荣获奖项和殊荣，并一直深受大众喜爱。1982年获得了风筝全国大赛第一名；1983年获得了天津市国际风筝会第一名；1993年荣获了中华民间绝活博览会工艺表演的一等奖；1994年入选为中国民间艺术一绝；2004年《喜相逢》荣获中国民间艺术山花奖，民间工艺奖银奖等。

 首先从风筝的各种选料上来鉴别，风筝魏选料讲究，其筝面多选用绸绢制作而成，既轻便又结实；其骨架则选用质地细密、节长且弹性大的毛竹制作而成，加上骨架上全是眼儿，可以随意折叠。其次从风筝的结构造型来鉴别，风筝魏的造型多样，有平板式、立体式、弓手式、串联式等，极具表现力。再次通过风筝上的画来鉴别，其画都是纯手工绘制的，线条简单、优美大方，富有中国特色。最后可从风筝的着色上鉴别，其采用退晕法，更具装饰性。

风筝魏

必享典故

据说风筝魏的创始人魏元泰的父亲出身鞋行，做过店员也当过摊贩。他有三个孩子，一个是木工，一个是鞋匠。魏元泰是年纪最小的，在私塾中念过书，后来因家庭经济条件差而辍学。16岁时他到一家风筝铺学做风筝。四年以后，其父亲为他开了一家扎采铺，并起名为长清斋。自此，做风筝就成了他全部的事业。魏元泰勤劳努力，苦心研究，善于创新，终于在这一行业中有所建树。

 以天津古文化街、南开区城厢中路东半环鼓楼附近的最为正宗。

 由于制作的难度不同，故其价格差异也很大，一般的几十至几百元不等，贵的高达几万乃至数十万元。

天津砖刻

天津砖刻是一种独特的民间工艺，到明清时才逐渐兴盛起来。马清顺是将天津砖刻发展为独立于建筑行业外的第一人。其作品豪放朴实，内容丰富多彩。他创制的"堆贴法"，增强了作品的层次感，形成了天津砖刻独特的艺术风格。后来马清顺的外孙刘凤鸣继承并发展了这门手艺，提高了砖刻的艺术魅力，使这门艺术更加受到大众的欢迎，因此又被称为"刻砖刘"。他创作了《三国演义》《水浒》《九狮图》《龙凤》《游园》等众多作品。特别是其创作的《三国演义》更是令人叹服。其内容拼刻在7块砖上，长达一丈，再加上丛林、江河等背景的烘托，气势十分恢弘。

天津砖雕

必享典故

马清顺是第一代天津砖刻的领路人。其外孙刘凤鸣因为早年丧母而自幼便跟着他学习砖刻这门技艺。他不仅继承了外公的这门手艺，并在其基础上发展了一些独特技艺，形成了自己独特的艺术风格。

正宗的天津砖刻内容充实，构图饱满，结构严谨，形象生动，还具有装饰性。即使塑造众多的人物形象，也是形态各异，十分逼真。

天津石家大院的雕刻艺术堪称一绝，值得观赏。

天津砖刻是天津的一种特产，一种独特的民间艺术。人们一般直接观赏的多。若论价值，很难衡量。

独流老醋

必购特产

天津独流老醋因产于天津静海县的独流镇而得名。它的历史悠久，始创于明朝嘉靖年间，到了清代成为宫廷御用贡品。它与山西陈醋、镇江米醋并称为中国三大传统名醋。其选料讲究，选用优质的元米、小麦、豌豆、红粱等，采用传统的配方和独特的技术，须陈酿三年方可，因此又被称为"三伏老醋"。此醋是天津市的名优产品，曾获得近200多个荣誉称号，不仅在国内深受欢迎，还远销东南亚各国以及美国、加拿大、朝鲜等地。

必知鉴赏技巧

从颜色上看，正宗的天津独流老醋为酱红色；从味道上看，其味醇正，酸中带着些许甜，韵味十足；从存储上来看，此品即使久存也不变质。

康熙

必享典故

传说静海独流镇有一条御河，那里的水甘甜可口，方圆百里无人不知，无人不晓。久而久之，这个消息传到了清朝皇帝康熙的耳朵里。他便下旨让人用御河的水给他造御酒，并且每年都要进贡。独流镇的造酒名师米福接到圣旨后十分惆怅，一是不愿把自己独特的技艺外传。二是接旨时受到威胁：如果不能制造出够酸的酸酒就要被杀头。于是他烧香求拜天上的造酒仙师杜康。杜康只告诉他一句话："酸酒米糠出，21日酉时流。"来福听后赶紧按照仙师的方法来造酒，果然造出了开胃止渴、酸爽提神的酸酒来。其妻说："此酒是在21日酉时出的，我们就叫它醋好了。"来福听后连连称赞这是个好名字。后来他们把醋送进了皇宫。康熙品尝后龙颜大悦，说道："从现在起，独流出酸辣水。"

**必购正宗地**

和平区南市食品街内天立独流老醋专卖店（022-27271677）；天津市英特食品有限公司（022-27991608）

**必知价格**

每盒（6瓶）30元左右。

王朝半干白葡萄酒

必购特产

　　王朝半干白葡萄酒由天津中法合营王朝葡萄酿酒有限公司运用法国的先进技术和设备精心酿制而成。其原料是天津地区的国际名种葡萄，如贵人香、佳利酿等；制作过程共包括八个工艺环节，原料的精选，软压取汁，净化果汁，控温发酵，除菌过滤，进行隔氧，恒温储存，细心包装。

　　此酒为首批"绿色食品"，是"王朝"这一系列葡萄酒的荣誉产品，还曾荣获国际金奖14枚，广受大众青睐。

必知鉴赏技巧

　　第一从颜色上看，正宗的王朝半干白葡萄酒颜色微黄中带一些绿，像晶体一样澄清透明，酒香味淡雅迷人。第二从味道上鉴别，酒的味道纯正爽口，新鲜且细腻，让人流连忘返。第三从包装上来鉴别，该酒是用德国莱茵型瓶盛装的，再配上金黄色的塑帽以及新颖别致的标签，与众不同。

王朝酒厂酒窖

必享典故

　　30年前，中国是一个以白酒消费为主的国家。葡萄酒的生产和消费一直处于很低的水平。直到"王朝"的诞生，才改变了这种状况，并为葡萄酒这一行业带来了新的契机。

　　王朝的第一任酿酒师也就是美国小伙子彼得变了人们以往对于葡萄酒认识的错误观念，认为一定要选择最好的葡萄原料；不能再像以前那样用铁锹铲葡萄而造成葡萄损坏。为了拥有更多、更新鲜、质量好的造酒原料，彼得和其他人还在天津本地选择了葡萄种植基地来专门种植葡萄。由于选择原料质量的提高，酿造技术的改善，"王朝"企业开辟了我国葡萄酿酒的新纪元，为我国的葡萄酒事业争得了荣誉。

必购正宗地

　　王朝酒专卖店，地址是南开区宾水西道时代奥城商业广场A1-166号(水上东路口)，电话：022-58627289。

必知价格

　　750毫升的王朝半干白葡萄酒40元左右一瓶。

白洋淀咸鸭蛋

必购特产

白洋淀鸭蛋是河北省的名优特产，主要产在河北省安新县境内的白洋淀一带，深受老百姓喜爱，在市场上也备受青睐。其蛋壳呈青色，外观圆润光滑。白洋淀当地人又称之为"青果"。

白洋淀咸鸭蛋的蛋心为橘红色、营养丰富。其富含脂肪、蛋白质、氨基酸、钙、磷、铁及各种微量元素、维生素，是赠送亲友的佳品。

必知鉴赏技巧

与普通咸鸭蛋相比，白洋淀咸鸭蛋的蛋黄呈橘红色，个个流蛋黄油，咸淡适中，清爽不腻，易被吸收。

白洋淀荷花大观园

必享典故

白洋淀位于任丘、安新、高阳、雄县、容城四县之间，水域辽阔，水草繁茂。养鸭是当地居民的传统副业。由于野生食物丰富，所产鸭个头大，品质好。为外，价格比一般鸭蛋高。

必购正宗地

保定市雄县铃铛阁大街白洋淀大家园，雄县文昌路与雄州路交叉口西南侧白洋淀特产经营部，以及白洋淀周边县市的大商店均有零售。

必知价格

市场上散装咸鸭蛋一个1.30~1.50元。双黄咸鸭蛋15个礼品盒装，一盒七八十元。

27 河北特产

鲜花玫瑰饼

必购特产
鲜花玫瑰饼，是河北承德的名特产品，已有300余年的历史。其以当地特产鲜玫瑰花为主要原料，采用传统工艺精制而成。原为清宫廷糕点，逐渐流传到民间。端午节时，人们常以此食品为礼品和供品。

鲜花玫瑰饼的原料除用当地产的玫瑰花外，还要配以白糖、桃仁、瓜仁、青红丝、香油等材料做成。由于玫瑰饼的原料中含有玫瑰，因而具有美容养颜功效。

必知鉴赏技巧
玫瑰饼里的玫瑰花泥、桃仁、瓜仁、青红丝越多越好。饼上一般都打印有红花和"玫瑰细饼"四字。

必购正宗地
以承德平泉县产的最为有名，在避暑山庄、裘翠楼，以及各大商店都有出售。

乾隆皇帝大阅图

必享典故
清朝康熙帝每次至承德避暑或去围场打猎时，都把玫瑰饼作为专供食品。乾隆帝也很喜欢此美味。据说鲜花玫瑰饼是其御厨的得意之作。乾隆常以鲜花玫瑰饼赏赐王公大臣。每年农历四月，当玫瑰花盛开之季，人们便采花做饼上市。

必知价格
一般每500克35元左右，约2元一个。

蔚县剪纸

必购特产

蔚县剪纸是河北省具有独特风格的民间美术。其源于清代,已有150多年历史。蔚县剪纸的制作工艺精巧、独特,它是以薄薄的宣纸为原料,用小巧锐利的雕刀刻制,再点染明快绚丽的色彩而成。其以窗花见长,"天皮亮"是最早的窗花形式。

必知鉴赏技巧

蔚县剪纸的题材广泛,有戏曲人物、花草鱼虫、飞禽走兽等吉祥形象;多出自农民艺术家之手;吸取河北武强县木版水印窗花的色彩特点,以刻代剪,形成自己的独特风格。

中国剪纸第一街

必享典故

剪纸是我国民间比较普及的一种艺术。河北蔚县剪纸自成一派,堪称剪纸艺术中的奇葩。其题材寓意深刻,具有浓郁的生活气息。无论是反映人们的祈福、历史故事、民间传说、四时节令、婚寿庆典,都体现了民间艺人高超的智慧和丰富的想象力。其每一件作品经过精雕细琢、独特点染,都十分生动、有味、耐看。

**必购正宗地**

可去蔚县剪纸博物馆欣赏,地址在蔚县城州署前街南安寺塔西北角。

**必知价格**

机器压制的比较便宜,每张几元不等;手工做的,有几十、数百元的,也有几万、数十万元的。

29 河北特产

满族旗鞋

必购特产

满族妇女的鞋称为"旗鞋"。由于她们没有裹脚的习惯,多以天足为美,通常穿着这种宽大的旗鞋。这种鞋,浅帮、短脸、尖口,史称"高底鞋",又叫"寸子鞋"。

其鞋特色十足:鞋底用木制作,木底高度一般为1~2寸(后来增至3~4寸,最高的有达到5寸左右的);鞋脸尖端突出上翘,形似船底,又称"船底鞋";鞋面多用彩色绸缎制成,上施五彩刺绣、各种珠宝,鞋底一般抹有白粉,俗谓"粉底"。穿上这种鞋子,配上旗袍,更显身材修长,婀娜多姿,风韵十足。

必知鉴赏技巧

满族旗鞋木底的形状通常有两种:一种装有前平后圆的马蹄形木底,踩地时痕迹似马蹄,故称"马蹄底";一种上宽下窄,像花盆状,俗称"花盆底"。穿这种鞋走起路来,有着清脆的"吉噔咯噔"的响动。

满族绿纱旗袍

必享典故

满族旗鞋的起源,有多种说法。一种认为,满族妇女喜欢穿遮脚面的长旗袍,为了便于行走,使旗袍的下摆既能遮盖双脚,又不拖地,便在鞋下安上了高高的木跟底。二种认为,穿高底鞋主要是为了增身高,同时,穿这种鞋走路,步履不会太长,能体现出女人婀娜的体态、优美的身姿。三种认为,为上山采集野果、蘑菇等时,防止虫蛇叮咬,便在鞋底绑缚木块,后来制作日益精巧,发展而成。四种认为,为了防止雨雪污泥弄脏鞋面的美丽图案,便把鞋底垫高。

必购正宗地

一般在皇家相关景区周围,都有销售。如避暑山庄、木兰围场等景区边。

必知价格

一般的也要几十元,若是布料较好、手工做的,要数百元,甚至上千元。

山西特产

山西历史悠久，人文荟萃，物产丰富，有很多有名的特产，以汾酒、竹叶青、老陈醋最为有名。此外，还有沁水黄小米、古县核桃、长治堆锦、澄泥砚等声名远扬的特色产品。

汾 酒

山西杏花村酒家

汾酒，是我国清香型白酒的典型代表，历史悠久，已有4000年左右的历史。汾酒工艺精湛，在国内外消费者中享有较高的知名度。早在南北朝时期，汾酒就已作为宫廷御酒受到北齐武成帝的推崇。晚唐诗人杜牧的"借问酒家何处有？牧童遥指杏花村"，更是让汾酒名声大震。1915年，汾酒在巴拿马万国博览会上荣获甲等金质大奖章。

从包装上看，盒上都详细地标有"酒精度、净含量、产品标号、生产日期、厂名、厂址"等。其QS、条形码标志明显，符合酒类产品包装国家标准；包装盒的设计具有不可复原性，一旦开启后就无法再回收利用。

必享典故

关于汾酒，还流传着郭沫若斗酒诗如泉的传说。据说郭沫若是唐代山西汾阳王郭子仪的后代。在四川省乐山市沙湾镇郭沫若旧居里，至今还悬挂"汾阳世第"的黑底金字牌匾。1965年12月4日，郭沫若作为"汾阳主人"来到汾酒厂，兴致勃勃地观赏了汾酒、竹叶青酒生产流程的全过程，并亲自尝试了包装工艺。中午，不顾身体不适，郭老举杯痛饮，并趁酒兴写下了"杏花村里酒如泉，新中国成立以来别有天，白玉含香甜蜜蜜，红霞成阵软绵绵。折冲樽俎传千里，缔结盟书定万年，相共举杯醉汾水，腾为霖雨润林田"的名篇。

在太原的各大超市及专卖店，均能买到正宗酒。

根据不同的酒的类别，价格在几十到几百元甚至几千元。

醉美特产

竹叶青酒

必购特产

山西名酒竹叶青酒是以优质汾酒为"底酒",配以砂仁、紫檀、当归、陈皮、公丁香、零香、广木香等十余种名贵药材精制酿成的酒。其历史可追溯到南北朝。该酒具有性平暖胃、舒肝益脾、活血补血、顺气除烦、消食生津之多种功效,是我国古老的传统保健名酒。

竹叶青酒,与汾酒同一产地,在第二、第三届全国评酒会上,均被评为全国十八大名酒之一。

必知鉴赏技巧

与汾酒的晶莹纯透相比,竹叶青呈金黄透明色,且在金黄之余还会带上微微的青碧色;明亮清澈,没有沉淀;因加入十余种中药酿制,其会有药材浸泡后特有的香味;也带些汾酒的味道,这种特殊的混合香味,很难仿制。

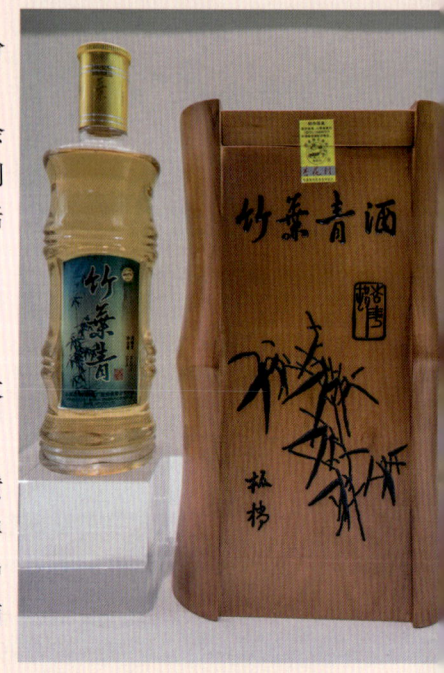

必享典故

传说很早以前,山西酒行每年要举行一次酒会。酒会时,各酒坊老板都要把自己作坊里的酿酒抬一坛到会上,让众人品尝,以列山岛次。当时有家酒坊,每逢酒会评比,总是名落孙山。这一年酒会,老板吩咐两个小伙计抬一坛新酒先行。由于天气炎热,两个伙计偷喝了半坛酒。为怕老板查出,就用竹叶滴下的水代替。结果,在酒会上名列第一。于是,老板出资,买下了竹叶滴水那块地,用那里的泉水,酿出了别有色味、驰名中外的"竹叶青"酒。

必购正宗地

以山西杏花村汾酒厂出的最为正宗,可在汾酒专卖店及各大超市购买。

必知价格

根据酒的度数及存放年限,价格从几十元、几百元到几千元不等。

33 山西特产

老陈醋

山西老陈醋是中国四大名醋之一，已有3000多年的生产历史。其以色、香、醇、浓、酸五大特征著称于世。山西老陈醋含有丰富的氨基酸、有机酸、糖类、维生素和盐等，素有"天下第一醋"之称。

相比其他醋种，山西老陈醋呈棕红色至红褐色，香气纯正柔和、陈香浓郁；食而绵酸，酸甜适口，微鲜，较浓稠，无非发酵性物质的沉淀物。合格的山西老陈醋倒进碗里后轻轻转一圈，会有一层薄薄的醋挂在上面。没有刺鼻的气味。

以山西太原市东湖醋园以及马道坡街26号山西老陈醋集团的最为正宗。另外，在各大超市也能买到。

武则天

必享典故

相传，唐时，女皇武则天有一次龙体欠佳，腹胀气滞，不思饮食。御医们想尽了办法也未能使其身体好转。武则天龙颜大怒，砍了一位御医的头。后来，一位道士云游至长安，听闻此事，便进宫向武则天进献了山西老陈醋。武则天食后，胃口大开，龙体很快转好。从此，每当用膳时，武则天总会让御厨在面前放上一壶醋。慢慢地，武则天的这习惯传到了民间，流传至今。

一般瓶装的，每斤几元钱；陈年桶装的，每桶几十至几百元不等。

沁水黄小米

必购特产

我国北方盛产谷子，尤以太行、太岳、中条三山交界历山脚下沁水盆地的米质最佳。由于沁水县多丘陵岭地，生态环境独特，昼夜温差大、光照充足、降水充沛，所以特别有利于谷子的生长成熟。

"沁水黄小米"又简称为"沁水黄"。其营养丰富，富含丰富的蛋白质、脂肪、糖类、钙、磷、铁、淀粉、维生素等。2008年被山西省名优中心列为"山西省名牌农产品"。

必知鉴赏技巧

沁水黄优质小米呈乳白色、黄色或金黄色，有光泽；很少有碎米，无虫、无杂质；闻起来有一股清香味，味道微甜。另外，可取少量待测小米放于软白纸上，用嘴哈气使其润湿，然后用纸捻搓小米，看其上是否有轻微的黄色。如有黄色，说明里面染有黄色素。

陈廷敬

必享典故

传说《康熙字典》的总阅官、陈廷敬是康熙皇帝的老师。某日，为了表达对老师母亲的尊敬，康熙亲自前来探望。时值酷暑炎热，陈廷敬的母亲恰好住在沁水县界内的"老母庵避暑山庄"。她便用小米粥款待康熙帝。康熙帝看到小米色泽金黄、颗粒饱满，饭香浓郁，便龙颜大悦，指定要带沁水黄小米回宫食用。从此，"沁水黄小米"就成了宫廷贡品。

必购正宗地

在太原市万柏林区晋祠路一段33号的山西省粮油批发市场（0351-6044104），以及各大超市，均可购得正宗产品。

必知价格

根据包装，每千克几元到几十元不等。

古县核桃

古县核桃为古县特产,中国国家农产品地理标志产品。其栽培历史悠久,源远流长。经中国科学院植物研究所分析测定,古县核桃属优质核桃,营养丰富,含有多种氨基酸、维生素和矿物质元素。α-γ不饱和脂肪酸含量达12%,是含量最高的天然食品。古县核桃有健脑益脑、增强记忆、壮阳补气、降脂强身、润肌乌发、延年益寿之功效。

壳圆、色清、壳纹浅少、壳皮薄,果肥大,肉色净白,仁饱满,黄白色,有核桃鲜香味,桃仁片大而完整者为上品;壳色发暗,大小不均,壳虽白净但手掂发飘,桃仁皮为暗黄或褐黄色,仁片小者为次品。仁衣油熟为泛油变质的标志。

张骞出使西域图

史载,核桃栽培起源于公元前139年。其时,西汉博望侯张骞出使西域后,带回核桃,广播霍岳,即后来的古县北平、古阳和下冶一带。自此,古县核桃逐渐发展起来。

山西古县并侯核桃生产合作社(0357-8388888)。

市场平均价格:每千克50元左右。

长治堆锦

必购特产

长治堆锦又称"堆花",为民间画类工艺品。其以丝绸织物为主要面料,以草板纸、棉花为骨架,经剪裁、贴飞边、压纸捻、续棉花、拨硬折、捏软褶、渲染描绘等十余道工序制作而成。

长治堆锦历史悠久,至少在清末民初已名闻遐迩了。其早期以制作礼品为主,如置放在条几上的座屏,达十余平方米的中堂、条屏等。其内容多为反映岁时俗尚、人生礼仪的吉祥图案。

必知鉴赏技巧

长治堆锦单体造型小巧精致,如果是人物的话,一般身高在15~25厘米。因为各部分棉花的厚薄不均,边缘粘贴的纸捻粗细各异,再加上拨折叠压时的顺序变化,其画面具有较强的立体感。

长治太行山风光

必享典故

有关堆锦制作的历史,最早见于清朝末年的李模家族。他们苦心钻研,不断创新,为该一技术的形成和发展做出较大的贡献。1910年前后,他们曾应邀前往晋中、太原一带作艺,为冯玉祥、吴佩孚、阎锡山等制作了一批堆锦作品,因此名声大振。1915年李模带着堆锦作品参加巴拿马万国博览会,荣获巴拿马赛会银质奖。从此,堆锦艺术盛名远播。山西的富商竞相购买。

必购正宗地

长治市郊区锦绣坊堆锦刺绣工艺厂(0355-5070808)。

必知价格

根据制成的艺术品的大小,价格从几百到几千元不等。

37

澄泥砚

澄泥砚，与端、歙、洮砚齐名，被列为中国四大名砚之一，为泥所制，烧制。其制作工艺独特，选用沉淀了千年之久的黄河渍泥为原料，经过特殊炉火烧炼而成。

澄泥砚的砚体有圆形、椭圆形、半圆形、正方形、长方形、随意形的；颜色很多，以朱砂红、鳝鱼黄、蟹壳青、豆绿砂、檀香紫为上乘。从地域上看，现代澄泥砚可分为山西制、河南制和山东制三大部分。每个地方的澄泥砚各有特色。

与河南澄泥砚的色调沉着，山东澄泥砚的厚实古朴不同，山西澄泥砚色调鲜丽，韧性强。另，辨宋砚要观其"形"；而元砚体积硕大，富有游牧民族的粗犷风格；明砚则既雅致，又肃穆。

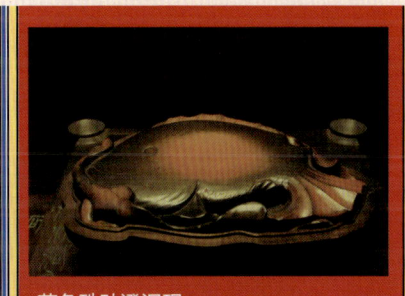
荷鱼硃砂澄泥砚

必享典故

澄泥砚盛放墨水不会干涸，长期的积墨无法腐蚀，寒冷的冬天不会结冰。更为神奇的是，只要对着砚台呵一口气就可以研墨，不用再额外添水。用这种砚蘸笔书写，不伤笔、不损毫，因而备受历代帝王及文人雅士的推崇。在唐宋两代一直作为贡品。武则天、苏东坡、米芾等对这种砚都很喜爱，甚至还曾经写文章赞誉过。

以蔺氏父子研制的绛州澄泥砚较为正宗，在北京、太原等地均有代销点。

一般的澄泥砚几百到几千不等；质量上乘的历史名砚则高至几万甚至几十万元。

内蒙古特产

内蒙古拥有奇特的自然风光和悠久的历史文化，旅游资源十分丰富。其著名特产有：马奶酒、蒙古刀、内蒙奶酪、西旗羊肉、内蒙古牛肉干等。

马奶酒

蒙古族人民世居草原，以畜牧业为生。马奶酒是他们日常生活中招待佳客的饮品。每年七八月份是酿制马奶酒的季节。蒙古族妇女将马奶收贮于皮囊中，加以搅拌，数日后便乳脂分离，发酵成酒。马奶酒性温，有驱寒、舒筋、活血、健胃等功效，被称为"紫玉浆"、"元玉浆"，是"蒙古八珍"之一。

马奶酒的制作原料必须采用乳或乳清；真正的奶酒瓶盖上有统一的标记，防盗盖完好无损，盖上图案、字迹牢固、清晰，皇冠盖外的胶帽封闭良好；用鼻闻、嗅，无外溢酒香；标签背面全印有蓝或红色批号；真酒商标一般采用压鼓版印的烫金图案，摸上有突凸感。

铁木真

必享典故

13世纪初，17岁的铁木真继承了父亲的遗志，挥旗重建家园。一天，铁木真的妻子在家里烧酸奶，锅盖上的水珠流到了旁边碗里。她嗅到特殊的奶香味。一尝味美、香甜，便渐渐掌握了制酒的工艺。在铁木真做大汗的庆典仪式上，她将自己酿造的酒献给丈夫和将士们。他们喝后，连声叫好。从此，成吉思汗把它封为御膳酒。

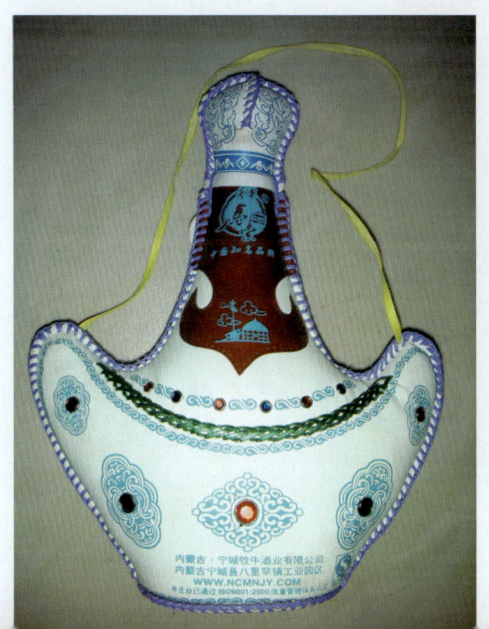

赤峰市红山区交警胡同，大牧场专卖店；包头市东河区豪德广场内蒙古马奶酒有限公司 (0472-6136631)。

每瓶几十至几百元不等。

蒙古刀

必购特产

蒙古刀是马背民族深爱的饰品,也是蒙古族最具有代表性的馈赠礼品之一。其实用性强,既可用来宰畜、吃肉、健身、防身,也可用以镇宅避邪,当装饰品、陈设物。

蒙古刀刀身采用优质钢材打造精磨而成,刀柄和刀鞘有钢制、木制、牛角制、皮制等,表面雕有精美的花纹或镶嵌各种珍贵宝石。配上蒙古刀的蒙古男子,更显得英武、潇洒。

必知鉴赏技巧

一看产地,看是否为真正大草原上出产的。二看外观,其图案一般是以水波纹、蛇蝎纹、吉祥纹为多,式样古朴大方,兼具实用性。三看装饰,纯正蒙古刀的刀鞘一般是镀银或纯银的。

蒙古人

必享典故

蒙古人民信奉长生天。传说,美丽的长生天赐予蒙古人"三大宝"(蒙古包、草原、牛羊)和"三小宝"(蒙古刀、马头琴、奶酪工艺)。蒙古人将"六宝"传承下来。精美的蒙古刀承载着蒙古人的勇敢、智慧以及辉煌的历史。在今天,其承载着对永久和平的渴望。

必购正宗地

到呼和浩特旧城区五塔寺南面的古董一条街,可买到纯正蒙古刀。

必知价格

根据制成的艺术品的大小,价格从几百到几千元不等。

内蒙奶酪

内蒙奶酪俗称"奶蛋子",是蒙古族民众喜爱的奶食品之一。其由分离出酥油的酸奶经微火煮熬后装入布袋,挤出酸水,成碎块状晾干而成。大多数蒙古人都会在行囊中放几块奶酪,以备充饥解渴。

内蒙奶酪,主要分生奶酪和熟奶酪两种。其制法不同,味道也各有千秋。

真正纯的奶酪是牧民自己做的,比较浓,黄黄的,呈疙瘩状,也比较硬。

草原上人喜欢原始味道的奶酪,但一般人都不爱吃。如果是给外地人吃,最好买经过深加工的带有甜味的奶酪。内蒙古超市及草原上都有出售。

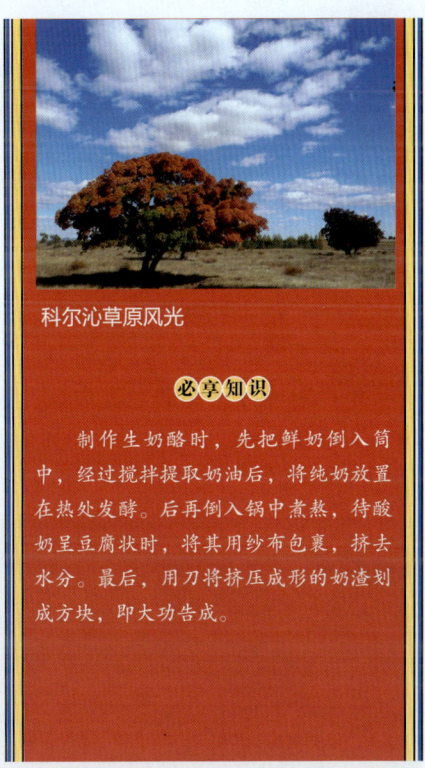

科尔沁草原风光

必享知识

制作生奶酪时,先把鲜奶倒入筒中,经过搅拌提取奶油后,将纯奶放置在热处发酵。后再倒入锅中煮熬,待酸奶呈豆腐状时,将其用纱布包裹,挤去水分。最后,用刀将挤压成形的奶渣划成方块,即大功告成。

 30~70元/500克。

西旗羊肉

必购特产　西旗羊肉富含高蛋白、低脂肪，瘦肉率高，肌间脂肪分布均匀，富有人体所需各种氨基酸和脂肪酸，容易消化。西旗羊肉是制作"涮羊肉"和"手把肉"的最佳原料。

必知鉴赏技巧　从颜色外观上来看，西旗羊肉色泽红色均匀，有光泽，脂肪呈乳白色；肌纤维清晰，有韧性，肉外表微干或有风干膜。从手感上来看，不黏手，指压后的凹陷立即恢复。

丘处机

必享典故　据《木炭火锅涮羊肉》记载，长春真人丘处机于1220年来到呼伦贝尔呼伦湖畔。平时以素为食的他，吃了西旗羊肉后赞不绝口，并用呼伦贝尔白蘑和金针菇等做汤，将西旗羊肉切成片状一同放入锅内，待熟后沾腌制而成的野韭菜花而食。其味道别具一格。后来丘处机将此吃法传授给蒙古族人民。

必购正宗地　新巴尔虎右旗阿拉坦额莫勒以及呼伦贝尔小肥羊西旗羊肉有限公司的较为正宗。

必知价格　西旗羔羊：37~45元/千克；大羊：约37元/千克；羔羊肉：约53元/千克；羊肉：约44元/千克。

内蒙古牛肉干

内蒙古牛肉干被誉为"成吉思汗的行军粮",又被称为"内蒙古手撕风干牛肉干"、"风干牛肉"、"手撕牛肉干"。其来源于蒙古铁骑的战粮,营养丰富,携带方便。

内蒙古牛肉干选用内蒙古大草原的新鲜牛肉,采用蒙古传统手工与现代先进工艺制作而成,是馈赠亲友的佳品。

内蒙古牛肉干是风干压缩的,非常劲道。其上有非常明显的纹理特征。此外,市场上的牛肉干还分为烤牛肉干和炸牛肉干两大类。

内蒙古各大超市均有销售。

孝庄文皇后

必尝典故

内蒙古牛肉干来自于水草丰美、牛羊肥壮的科尔沁大草原。这里是"一代皇后"大玉儿出嫁的地方。当年,大玉儿远嫁,带走了牛肉干,从此延续了蒙古族新娘远嫁以牛肉干赐福的习俗。其实,牛肉干的历史可以追溯到成吉思汗建立蒙古帝国之时。"出入只饮马乳,或宰羊为粮"。只要有供马匹和牲群食用的水草,蒙古人就可以自给。出战前,人们会宰杀一头重达百十斤的牛。当牛肉风干后,碾成末,只有十几斤。蒙古骑兵将这些肉末装进袋子,背在身上,只要有水便可冲饮以充饥。

每千克几十到几百元不等。

辽宁特产

辽宁省地理位置优越,南濒渤海与黄海,背负广袤的工业腹地,不仅是我国著名的重工业基地,而且各地特产众多,种类齐全。如不老林糖、北镇猪蹄、岫岩玉雕、大连贝雕等,均值得购买。

不老林糖

不老林糖是沈阳人引以为傲的老字号特产，是逢年过节必备的糖果之一。其选料质优精细，工艺上乘考究，口感香醇细滑，20年来风靡全国并荣获大量奖项，深受广大消费者喜爱。经过持续的积累和迅速的发展，沈阳不老林食品有限公司现已成为著名的糖果生产企业。其产品畅销全国，并远销到俄罗斯、日本、韩国等国外市场。

第一，包装。不老林糖的包装带有彩条的塑料纸，正面印有发明者林瑞丰的头像。第二，原料。正品的不老林糖选料考究，含有糖浆、淀粉、各种干果仁等。第三，口味。口感独特，软硬适度，有皮糖的韧劲而又不失奶糖的香甜。

不老林糖

不老林糖是由林瑞丰开创的品牌系列糖果。林瑞丰11岁时便跟随家人来到哈尔滨。14岁进了由俄国人开办的糖果厂做学徒。他勤奋聪敏，深得真传。19岁时，他来沈阳独创庆丰糖果厂，不但把所学的俄国制糖技艺发挥到极致，而且多加创新，所制酥糖、硬糖等风靡全城，连当时京戏名家唐韵笙，都是百吃不腻的常客。新中国成立后，他精心研制发明了"不老林"糖果，很快销往全国各地。

沈阳各大超市均有销售。

价格每袋10元左右。

北镇猪蹄

北镇猪蹄是锦州最具特色的特产之一,其历史发展悠久,最早可追溯到清朝。北镇猪蹄富含矿物质、胶蛋白等多种营养成分,做工考究(用陈年老汤熏制而成),风味独特,是闻名全国的地方传统风味食品。曾获工商部、辽宁省人民政府优质产品,"92"中国友好观光年组委会标志产品,辽宁省食品工业协会优秀产品等荣誉称号。

第一,看颜色。正宗的北镇猪蹄表皮呈现枣红色,肉质雪白。第二,闻气味。上等的猪蹄有花椒、白芷、荜拨、当归、陈皮、丁香、鲜姜、肉桂、豆蔻、甘草、小茴香、草蔻、盐、味精和香油等原料,散发着浓郁的中草药以及调味品的气味。第三,尝味道。其口感咸淡适口、皮筋熟嫩、油而不腻、鲜香浓郁。

必享典故

北镇猪蹄的历史可追溯到清道光年间(1821—1850)。当时北镇城里有杨姓父子三人经营一家肉食店。父名不详,长子杨俊青,次子杨汉青。他们讲究精工细作,调料得当。除使用老汤、香油、精盐、八角、花椒和生姜外,还涂以白糖熏制,使猪蹄色味俱佳,远近闻名。后来其徒弟刘万成,除采用烤、熬、冻等工序外,还采用了松香拔毛法,提高了工效。是喜庆盛宴、朋友小酌、旅游野餐的美味佳肴。

北镇鼓楼

各大商场、超市均有销售。

价格在30~40元/袋。

岫岩玉雕

岫岩玉，简称岫玉，因产于辽宁岫岩县而得名。它是"中国四大名玉"之一，以质地细腻纯净、储量多而闻名中外，主要包括素活、人物、花鸟、兽四大类。岫岩玉雕以小件制品为主，经过历代艺人的努力和不断创新，逐步形成了独具地方特色的艺术风格。1999年澳门回归祖国时，中央政府将"九九月圆图"岫玉赠送给澳门特区政府，足以彰显岫玉的魅力。

第一，颜色分辨。岫岩碧玉质地坚实而温润，细腻而圆融，多呈绿色至湖水绿。第二，用水鉴别。将一滴水滴在玉上，如成露珠状且久不散开者为真岫玉；水滴很快消失的是伪劣货。第三，触摸。真岫玉有冰凉润滑之感。第四，舌舐。用舌尖舐真玉有涩的感觉。

岫岩玉雕刻

必享知识

岫岩玉器生产最早源于清乾隆年间（1736-1796），渐兴于清道光、咸丰时期。清末民初，岫岩地区形成了有三百多人从业的玉石街，出现了以江保堂为首的玉雕"八大匠"和以李得纯为代表的"素活二李"。当时玉雕主要有人物、花鸟、动物、花卉、素活等五大类产品。20世纪50年代至80年代末，素活工艺有了进一步的发展，其代表作品岫玉塔薰《华夏灵光》高3.15米，是迄今中国玉雕史上最大的一件瓶素工艺品。

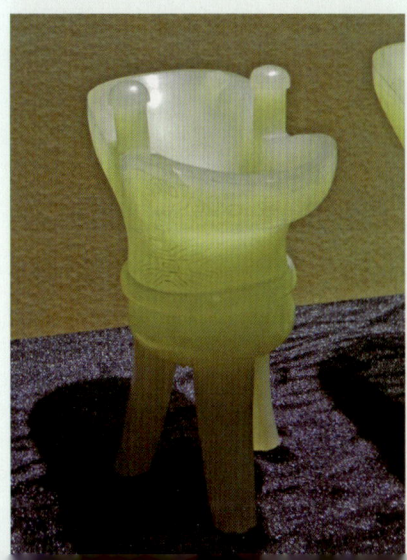

购买小件玉器工艺品，建议去岫岩县荷花市场；其他大件玉器工艺品，可到岫岩县东北玉器交易中心（金龙大厦）、玉雕会展中心、玉都等地购买。

因岫玉的大小不同，其价格也从几百元到上万元不等，有的甚至高达几十万、上千万元。

大连贝雕

必购特产

大连是我国贝雕的发源地，素有"贝雕工艺摇篮"的称号，在国内外享有很高的声誉。其产品远销50多个国家和地区。大连的贝雕艺人用当地的贝壳作为原料，根据每种贝壳的色泽和形状特点，运用传统雕刻手法和国画构图形式，制成浮雕花鸟、山水、人物等贝雕画，形象逼真，栩栩如生。许多优秀的贝雕作品，曾在国际博览会上展出并获大奖。

必知鉴赏技巧

第一，看原料。贝雕工艺品对原料的选择极其考究，一般选颜色鲜艳、色泽亮丽、有纹理的有色贝壳。第二，看工艺。大连贝雕运用传统雕刻手法和国画构图形式，制成浮雕花鸟、山水、人物等贝雕画，形象逼真，栩栩如生。第三，看风格。其画面简洁凝重，清秀富丽，风格独特。

必享知识

贝壳远在五万年前的山顶洞人时期，就被穿成串链作为装饰。商代到秦代，长期被当做货币使用。秦汉时期，艺人们利用贝壳的色泽，将一种较平整的贝壳磨成薄片，再雕出简单的鸟兽纹图样，镶嵌在铜器、镜子、屏风和桌椅上作装饰，俗称"螺甸"。宋元前后，中国民间的螺钿镶嵌和贝贴等工艺已经十分流行，品种有各种人物、动物、花卉、挂屏等陈设品，还有各种文具、烟具、台灯等生活用品。目前，大连贝雕大量出口，畅销国内外市场。

贝雕花鸟摆件

必购正宗地

大连贝雕在大连特产店和工艺公司均有销售。如大连贝雕工艺品经销部（大连市西岗区不老街65号，0411-4623622）。

必知价格

普通的贝雕20~100元，店铺里的贝雕需300~400元。

吉林特产

　　吉林省自然条件优越,物产丰富,是驰名中外的"东北三宝"的主要产地。省内有亚洲最大的长白山山货市场,商场集中了品种最齐全的长白山山货。此外,它还是著名的"东北新三宝"——红景天、林蛙、乌拉草的主要产地。长春市内设有专门的旅游购物商店,在这里,游客可以以比较低廉的价格买到正宗的人参、鹿茸、红景天以及林蛙油等吉林特产。

醉美特产

长白山人参

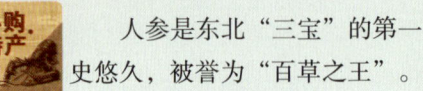 必购特产

人参是东北"三宝"的第一宝，药用历史悠久，被誉为"百草之王"。据《神农本草经》载："人参久服可轻身延年。"李时珍在《本草纲目》中对人参也极为推崇，认为它能"治男妇一切虚症"。几千年来，人们都将它奉为包治百病的神药。长白山人参以其品质地道、质量上乘、产量大，被誉为"中国人参的正宗"，是驰名中外、妇孺皆知的名贵药材。吉林的众多药品企业均以"长白山人参"为品牌，并在市场上有着一定知名度和影响力。

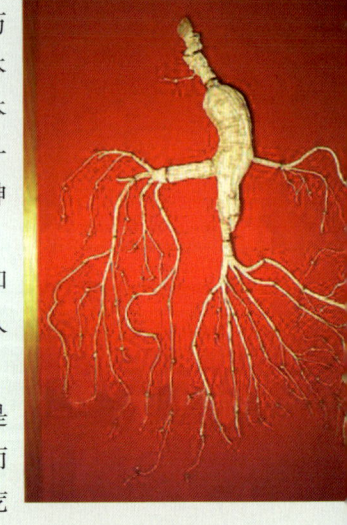

 必知鉴赏技巧

辨别人参，要看清"五形"。五形是指须、芦、皮、纹、体。一是人参有老而韧的长条须，并且点缀有小米粒状的小疙瘩；二是人参芦较长；三是具有黄褐色的老皮且质地紧密有光泽；四是有细密而深的螺丝状横纹；五是人参体态玲珑且样子好看，根形挺直。

长白山天池

必享典故

关于人参，在镜泊湖一带民间有着不同的说法。有的人说"人参是一个带着红兜肚的胖娃娃"；有的人说"人参是一个头簪红花、身穿绿袄的小姑娘"；还有的人说"人参化成了一位银须飘洒的老翁"……他们都是善良和正义的化身，可帮助穷人解脱苦海、远离苦难。对人参的药物作用，人们给它披上了一层神奇的色彩，说吃了人参能长生不老、返老还童、起死回生等。

 必购正宗地

吉林省白山市集安县清河以及抚松县万良地区有人参批发市场，价格合理且为正品。另外，各大城市的专卖店也都有销售。如长白山天参公司（白山市抚松县长白山保护区）。

 必知价格

因人参种类以及年份不同，价格差异较大。例如：野山参（15年左右）800元左右/盒；野山参（30年以上）3000~5000元/盒。

鹿茸

必购特产

鹿茸为"东北三宝"之一，是一种名贵的中药，主产于长白山区。因其营养丰富，药效显著，《神农本草经》曾将它列为中品，有生精补髓、养血宜阳、强筋健骨之功效。同时它也是价值较高的滋补品和传统出口商品。吉林省盛产梅花鹿茸和带血马鹿茸，其中以梅花鹿茸品质最优，现在以鹿茸片为代表的各种鹿茸制品在国际市场上畅销不衰。

必知鉴赏技巧

第一，从色泽上来看，真鹿茸颜色呈红棕色且有光泽；而假货往往外皮呈灰褐色。第二，从质地上来看，真鹿茸体轻，质硬而脆；假鹿茸多是用动物的毛皮包裹动物骨胶等仿造的，体重、质坚韧。第三，从气味上来看，真鹿茸气味微腥，味咸；而假鹿茸则气味较淡，能溶于水且液体呈混浊状。

必享典故

关于鹿茸角，有这样一个有趣的寓言故事。在古代，人们知道鹿和鹤都是神仙的宠物，一来二去跟玉帝混得很熟。鹿想要自己长生不老，就带着礼物来找玉帝。玉帝说："看在你跟着我的属下这么多年，他们都很喜欢你的分上，我延长你的寿命。"于是玉帝将一对龙角赏给了鹿，鹿从此头上多了一对龙角。因为龙角的"龙"在古代犯忌讳，所以就改成现在的鹿茸角了。

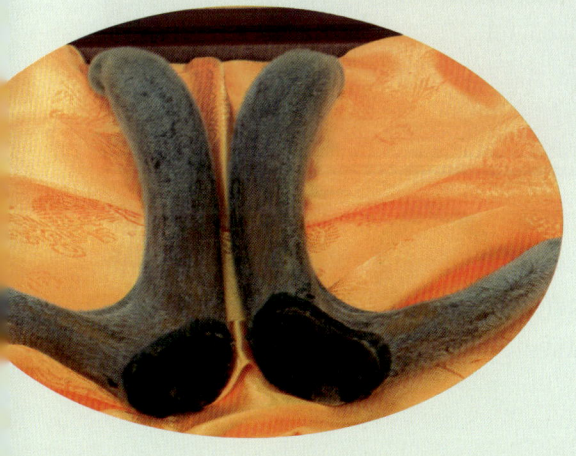

必购正宗地

大型商场和中药店铺均有销售。如不老森参茸特产商行（长春市朝阳区同志街1661号）、参茸批发市场（长春市宽城区）。

必知价格

鹿茸的价格与茸的等级有关，头等茸的价格约12~15元/克，次之则10~12元/克，也有6~10元/克的。

醉美特产

林蛙油

必购特产

林蛙油，俗称蛤蟆油，香港、广东人称之为"雪蛤膏"，是东北长白山区的特产。因其珍贵的营养和保健价值，被称为"绿色软黄金"，男女老少皆宜食用。经专家考证：吉林省长白山区域出产的林蛙药用历史悠久，自古在民间就被誉为与东北三宝齐名的传世滋补佳品。宋代苏颂的《本草图经》和明代李时珍的《本草纲目》对此均有记载。明清时期，"雪蛤膏"被列为贡品。

必知鉴赏技巧

看形状，林蛙油是形状不规则的块状且弯曲重叠；看外表，其表面呈现为黄色或浅褐色，具有像脂肪一样的光泽，手摸有滑腻感。看质地，其质地比较柔软，易折断。看遇水膨胀情况，真林蛙油久泡不烂，假的则绝大部分溶于水了。看气味，正品的林蛙油具有腥味、味微甘腥等特点。

努尔哈赤

必享典故

相传天宫的三位仙女常来长白山天池沐浴。一次，空中飞来一只衔着红果的仙鹤。它将红果放在了小妹的衣服上。后被小妹发现，将其吃下。结果发现身子沉重，难以起飞，就独自留在了人间。

小妹误食红果后便怀孕了，不久生下一男孩，取名大罕（即努尔哈赤）。为了儿子强壮、聪明，她经常给儿子焖哈士蟆、炖人参、餐灵芝。大罕长大后，母亲告诉他说："你是上天所生，有朝一日将成为君主，普度天下众生；我所种哈士蟆（林蛙）等，你可适时取用。"大罕下山后，统一部落，打败大辽，建立金国，建都于赫图阿拉城，并将哈士蟆油列为宫廷贡品。

必购正宗地

吉林特产专卖店和林蛙油生产基地等地均有销售。如吉林博大农林生物有限公司永吉基地（长春市永吉县西阳镇西阳街道2委25-2-3号，电话：0431-88615000）。

必知价格

林蛙油的价格与等级有关，一般特等40多元/克；一等30多元/克；二等16元左右/克。

高山红景天

必购特产　高山红景天，别名红景天，产于吉林省临江市。临江市也因此享有"中国高山红景天之乡"的美誉。其药用历史悠久。早在两千多年前，青藏高原的人们就用红景天入药，以强身健体，抵抗不良环境的影响。民间常用它来煎水或泡酒，以消除疲劳或抵抗寒冷。同时它还具有防病健体、滋补益寿、补气养血、滋阴益肺等神奇功效，历代藏医将其视为"吉祥三宝"。

必知鉴赏技巧　第一，看颜色。正品的红景天剥开外皮后，无黄绿色膜质表皮且皮部紧密，假冒的红景天拨开后有一层黄绿色的膜质表皮，皮部疏松。第二，观察主根。红景天根茎一般呈圆柱形，粗短，略弯曲，表皮棕色或者褐色，粗糙有褶皱。第三，品尝味道。正品红景天气味芳香，味微苦涩，后味甜。

康熙

必享典故

相传清康熙年间，西部叛乱，康熙皇帝御驾亲征。将士西出阳关，抵达西北高原后，很难适应高原的缺氧环境，许多人出现了心慌气短、恶心呕吐、茶饭不思等现象，战斗力也大大减弱。正值康熙皇帝一筹莫展之际，当地藏胞献来了红景天药酒。士兵及时服用后，高原反应竟神奇般地消失了。康熙皇帝对红景天大为赞赏，将其赐名为"仙赐草"，并把它钦定为御用贡品。

必购正宗地　临江市各特产店和山货批发市场均有销售。如大森林长白山特产营销中心（吉林省临江市建国街道，0439-5056911）。

必知价格　一般红景天的价格在20~30元/千克。

松茸蘑

必购特产

松茸蘑为吉林特产,产于长白山原始森林中,被誉为"菌中之王",与鹅肝、鱼子酱并称为"世界三大美味"。松茸蘑富含粗蛋白、粗脂肪、粗纤维和维生素等,具有较高的营养价值。除可食用外,它还可药用,具有强身壮阳、止疼止咳、理气化痰等功效。此外,它还是抗癌药物之一。松茸因其产量小,又是绿色食品而十分名贵,在日本曾是进贡天皇的珍品。

必知鉴赏技巧

第一,看松茸蘑形状是否完整,颜色是否洁白。正宗的松茸蘑个头完整、菌体厚实、脚帽匀称且肉质洁白细嫩;人工养殖的松茸蘑明显帽大脚小、黑帽白脚。第二,闻松茸蘑是否芳香馥郁。优质的松茸蘑香味尤佳,经开水冲泡后,2~3分钟即可挥发出浓郁的香味,品质差的松茸蘑没有香味。第三,尝其是否爽滑、味醇。优质的松茸蘑鲜香、爽滑、味醇,而人工养殖的松茸既无香味,也无口感。

大美长白山

必享知识

1945年8月,美国向日本的广岛和长崎空投了两颗原子弹,导致这两个城市的大地寸草不长。许多人担心,被原子弹炸过的地方,会永远消失绿色植物。但是,一种伞状蘑菇率先破土而出,给人们带来了希望。这种蘑菇,即松草,日本人叫"松茸"。松茸是可食用菌类,身价倍增。目前,每吨松茸的价格高达1600万日元。

必购正宗地

以延边朝鲜族自治州的松茸蘑最为正宗。延边八大县市均有销售。如延边永日长白山土特产批发零售部(延吉市新兴街丹青胡同,0433-2994242)。

必知价格

松茸蘑的价格与等级有关,一等品600~700元/千克;二等品400~500元/千克;三等品200~300元/千克。另外,特别珍贵的也有数千至几万元/千克的。

黑龙江特产

　　黑龙江省是我国最东北的省份,物产富饶,森林资源丰富,著名的"东北三宝"(人参、鹿茸、貂皮)在这里均有分布。这里有得天独厚的天然森林植被,黑木耳、松子等在这里到处可见。貂皮、大马哈鱼、哈尔滨红肠也是这里的名优产品。此外,这里出产的五常大米曾被誉为"贡米",盛名享誉中外。

貂皮

必购特产

貂皮是黑龙江特产之一,也是"东北三宝"之一。它分为紫貂和水貂两种,其中以紫貂皮较为名贵。紫貂有"裘中之王"的美称,在国外则被称为"软黄金"。水貂毛皮质地稍逊于紫貂皮。东北貂皮具有"风吹皮毛毛更暖、雪落皮毛雪自消、雨落皮毛毛不湿"三大特点,以华丽美观、保暖性强而被选为制作高级皮衣的上品或极品。

必知鉴赏技巧

第一,光泽度。一般来说,貂皮外观越亮越好。但市面上也有用"打油"的造假手段使貂皮表面发亮的。鉴别的方法就是用手轻拂,会发现假貂皮的一些毛针会短暂地黏在一起。第二,手感。用手感觉针绒的密度。好的貂皮,针、毛、绒三者的比例都要适中。第三,吹气。对着一大块貂皮吹一口气,气流经过的范围内,针、毛倒下后立即能恢复原态的,说明此貂皮的质量好。第四,试穿。试穿时,重量轻的貂皮(母貂)质量较好。

必享典故

中国传统的制裘工艺早在3000多年前的商朝末期就已经形成了。相传商朝丞相比干是中国历史上最早发明熟皮制裘工艺的人。据史料记载,殷商末年,比干曾在大营一带为官。那里荆棘遍地、野兽肆虐。比干贴出告示:鼓励民众打猎食肉,将剩下的兽皮收集起来进行泡制。这样,生硬的兽皮变成了柔软的皮张。人们再根据皮张大小和色泽缝制成衣服。这就是中国最早的熟皮制裘技艺。比干也因此被后人奉为中国裘皮的"鼻祖"。

比干

必购正宗地

以贵妇人、金夫人、东北虎、巴黎等品牌专卖店所卖的貂皮为正品。贵夫人皮草广场(哈尔滨市道里区新阳路338号,0451-84555222);金夫人皮草专卖店(哈尔滨市道外区中马路1号,0451-88309228)……

必知价格

普通的水貂皮价格在500~700元,中档的貂皮需5000~7000元;高档的紫貂皮需10 000元以上。

黑木耳

必购特产

黑木耳味道鲜美、营养丰富，不但能养血驻颜，使人容光焕发，而且具有多种药用功效，有"中餐中的黑色瑰宝"之美誉。黑龙江省森林资源丰富，是全国黑木耳的主产省份。据资料显示，2010年，黑龙江省的木耳交易量已突破12万吨，占全国黑木耳总量的50%以上，交易总额超过50亿元。目前，黑龙江木耳营销网络已辐射至全国所有省份，产品远销俄、日、韩、东南亚等。

必知鉴赏技巧

一是"看"：凡朵大适度、朵面乌黑但无光泽、朵背略呈灰白色的木耳均为上品；二是"手捏"：通常优质的黑木耳含水量较少，手捏易碎，放开后朵片能很好伸展，有弹性；三是"口尝"：纯净的黑木耳口感纯正无异味，有清香气；四是"水泡"：朵体质轻，水泡后胀发性大的属优质黑木耳。

黑龙江木耳

必享知识

木耳不宜与田螺同食，寒性的田螺遇上滑利的木耳，不利于消化；患有痔疮者不宜将木耳与野鸡同食，因为野鸡有毒，二者同食易诱发痔疮出血；木耳不宜与野鸭同食，野鸭味甘性凉，同食易消化不良；由于黑木耳具有抗凝血作用，因此患有脑出血者不宜食用；黑木耳还具有润肠利便的作用，因此腹泻者不宜过多食用。

必购正宗地

绥阳黑木耳大市场是全国最大的黑木耳集散地，在这里可以买到优质的木耳。地址：牡丹江市东宁县绥阳黑木耳批发大市场13号。

必知价格

黑木耳批发价格在16~20元/500克。

醉美特产

松子

必购特产

松子是松树的种子，主要产于黑龙江省，含有丰富的营养价值。据有关资料显示，松子含油率高达78%，蛋白质达14.8%，并含有多种维生素，是很有价值的木本油料和保健食品。其果实被誉为"长生果"，久食可滋润皮肤，延年益寿。除可食用外，它还是干漆、皮革工业的重要原料。松子皮可用于制造染料、药用炭等。总之，松子是林区经济价值很高的一宝。

必知鉴赏技巧

一看品相：优质的松子自然开口，颗粒均匀且果实饱满，劣质或变质的松子是化学开口，颗粒大小不一。二看颜色：好的松子颜色有点发黑（自然烘烤），劣质松子则比较亮（化学浸泡）。三尝味道：手工开口的松子基本上都是原味的，不添加任何试剂，如遇到甜味、奶油味的基本上都不是手工开工的松子。

必享典故

据《神仙传》记载，有个人不幸得了麻风病，浑身疹块，面目十分可怕。家里人嫌弃他，就偷偷地叫人把他抬到树林里扔掉。他于是感到孤苦伶仃，内心无比凄凉。突然有一天，树林里来了三位老神仙，他们给了他一大堆松子，告诉他把松子当做一日三餐来吃，不但可以医治好他的麻风病，而且还可延年益寿、长生不老。这个人照着老神仙的话去做了，果然病情好转。服至一年后，不但祛除麻风病，而且脸色也变得红润有光，面如少年。

松树

必购正宗地

伊春松子在全国最为著名，在伊春各大超市以及林场均有销售。如伊春商厦（伊春市伊春区西繁荣街157号）。

必知价格

松子价格多在20~40元/500克。

哈尔滨红肠

红肠是哈尔滨特产的代表，原产于东欧的立陶宛。中东铁路修建后，外国人大量进入哈尔滨，也带来了红肠工艺。哈尔滨红肠主要分为秋林红肠（里道斯红肠）、大众肉联红肠和商委红肠3类，各具特色。与香肠相比，哈尔滨红肠不仅蛋白质含量高、营养丰富，而且不油腻、易嚼，带有异国风味，深受中外消费者的喜爱。

第一，看包装。真正的哈尔滨红肠有清晰的生产日期、完整的条形码、国家QS认证。第二，看颜色。正宗的红肠外观呈现枣红色，虽然经过数小时的烟熏，但是表面没有浮灰，切面平滑光亮且有弹性；劣质的红肠表面为黑紫色，表面光滑、无炭灰，切面粗糙且易散。

哈尔滨红肠

必享典故

哈尔滨红肠，俄语译音为"里道斯"，原产于东欧的立陶宛。据载，1900年，有一个俄罗斯商人在哈尔滨创建了著名的秋林洋行。在这座洋行里，有一位立陶宛员工不甘心为老板卖命，要体验一下自己当老板的感受。于是1909年3月，他在道里西商务街（现上游街）建立了秋林灌肠庄，生产立陶宛风味的香肠，俗称"里道斯"香肠。因香肠呈枣红色，故又称红肠，更因产地在哈尔滨，更多人叫它"哈尔滨红肠"。

哈尔滨红肠以秋林里道斯（哈尔滨市道外区桦树街41号，0451-57663706）、大众肉联（南岗区东大直街320号秋林公司B1楼，0451-58938100）以及商委红肠（哈尔滨市红旗大街514号，0451-57683595）最为正宗。

秋林红肠约0.8元/克；肉联红肠约0.6元/克；商委红肠约0.6元/克。

大马哈鱼

大马哈鱼

必购特产 大马哈鱼又叫鲑鱼，不仅是黑龙江省的大型珍贵特产鱼类，也是我国名贵的淡水鱼类之一。黑龙江乌苏里江畔盛产大马哈鱼，被誉为"大马哈鱼之乡"。大马哈鱼肉质细腻，味道鲜美，营养价值丰富，是被公认的宴席珍膳。此外，它还有着很高的经济价值，肉味鲜美可鲜食，也可腌制、熏制，加工成罐头，都有独特的风味。

必知鉴赏技巧 第一，颜色。真正的大马哈鱼的肉质呈现粉红色，鱼肉色泽鲜明，肉质坚挺。第二，手感。新鲜的大马哈鱼摸上去有弹性，按下去会自己慢慢恢复，而冒充的大马哈鱼摸上去没有弹性。第三，口感。新鲜的大马哈鱼肉质鲜美、爽滑，脂肪均匀，不油腻。

大马哈熏鱼块

必享典故 相传，一年白露时节，唐王东征时曾在黑龙江边被敌人围困，外无援兵，内无粮草，形势危急。这时，有一大臣奏道："王爷何不奏请玉帝，向东海龙王借鱼救饥？"唐王于是奏请玉帝。玉帝便令东海龙王派一条黑龙前来镇守。黑龙将鲑鱼分给唐军。唐军的人和马吃到鱼后，力量倍增，大获全胜。马原来是不吃鱼的，自此以后马便开始吃鱼了，但也只吃鲑鱼。所以人们便把鲑鱼叫做"大马鱼"。许多年后，有一个叫什尔大如的部落首领被敌人围困到乌苏里江边，十分危机。此时一谋士便向什尔大如献策言道："何不仿照唐王东征时向东海龙王借鱼，以解燃眉之急？"黑龙闻知，复率鲑鱼来到乌苏里江边，什尔大如得救，便率部下在黑龙江、乌苏里江一带定居下来。这些人的后代，便是今天的赫哲人。每到白露前后，大批的鲑鱼来到黑、乌两江。赫哲人就将"大马鱼"称为"达乌依玛哈"，后经演变，就把鲑鱼叫做"大马哈鱼"。

必购正宗地 以佳木斯市抚远县抓吉镇、乌苏镇的大马哈鱼最为正宗。抚远市场步行街两侧的鱼行均有销售。如东极鱼行（抚远县同鑫市场东侧，13845485826）。

必知价格 大马哈鱼价格在30~40元/500克。

五常大米

五常稻花香米饭

必购特产

五常市位于黑龙江省的最南部，水稻种植面积和产量居黑龙江省首位，是国家重要的商品粮基地、全国水稻五强县之一，被誉为张广才岭下的"水稻王国"。五常大米质地优良、远近闻名，曾经作为"贡米"进献封建朝廷。它多次在国内外优质大米的评比中获奖，1996年荣获"国际食品质量之星"和"国际名牌食品"的称号，2001年被美国绿色营养协会认证为达标产品。五常大米现已打入日本、韩国、俄罗斯和中国香港等地区，深受国内外游客的喜爱。

必知鉴赏技巧

第一，望。五常大米色泽清白、半透明，呈尖细状。做成米饭后，米饭透明发亮，普通的大米为乳白色。第二，闻。正宗的五常大米无任何怪味、异味，蒸煮米饭时更是满室飘香。第三，搓。两手搓米，如果感到细腻滑润并且散发出清淡的米香味，则是正品。

必享典故

五常原名欢喜岭，清咸丰四年（1855年）设"举仁、由义、崇礼、尚智、诚信"五个甲社，取其"三纲五常"之意，得名五常。在五常流传着一个故事，慈禧太后对饮食挑剔到极致，但却对五常大米情有独钟，曾多次说"非此米不能进食"。故事是否属实，现在已无法考证，但史志可考的是清道光十五年（1835年），吉林将军富俊组织少数朝鲜族居民在沙河镇的亮甸子、王家街一带引水种稻，所产的稻谷用石头、碾子碾成大米。五常大米由此成为清朝后期历代皇帝的贡米。因此，五常有"千年水稻、百年贡米"之誉。

必购正宗地

据说农民直接销售的五常大米最为正宗，其中以稻花香2号大米最为好吃（五常市安家镇东升村，五常市民乐乡民乐村）。

必知价格

大约是10元/500克。

上海特产

　　上海是一座新兴城市，从发展至今不过百年，但却从长江入海口的一个小渔村发展成今天的大上海。它拥有深厚的近代城市文化底蕴和众多的历史古迹。中西结合的文化氛围更使其特产彰显传统而又时尚的独特魅力。其主要特产有上海绒绣、崇明老白酒、松江鲈鱼、高桥点心、城隍庙梨膏糖、嘉定黄草编、上海面塑、上海牙雕、嘉定竹刻。

上海绒绣

绒绣起源于欧洲，在清末传入上海。它在原来的基础之上又吸收了我国苏绣的精华，已成为上海特产的代表。绒绣又称彩帏毛绒绣或绒线绣，就是在特制的网眼布上按照设计要求，使用不同的彩色绒线绣出不同的色点，组成一定的画面或图案，一般可用做挂壁、靠垫等一些日常用品。由于色彩艳丽，绣出的画面逼真，因此又被人称为"东方的油画"。

高桥绒绣馆内景

必享典故

上海绒绣源于欧洲。原是在德国农民服装和壁毯上，根据织物经纬排列，计算针数绣成图案。到16世纪，欧洲出现一种刺绣专用的麻布底子，在底子上用绒线逐针绣满，便成了绒绣。17世纪开始，绒绣在英国上层社会渐流行开来。到19世纪末20世纪初，绒绣随着西方列强来到中国。

好的绒绣是用纯羊毛绒线绣制的。消费者可通过点燃一根绒线丝，看是否有烧焦的羽毛味。

上海市的高桥镇是上海绒绣的主要生产地。镇政府斥资600万元在西街建了一座"高桥绒绣馆"，集展示、制作、销售、保护、传承五大功能于一身。

高桥绒绣馆馆内作品精细美观，每一件都是精品，凝结了绒绣艺人的智慧与汗水，价钱较高。如馆内有3幅迈克尔·杰克逊的肖像绣，一幅就需40万元人民币。

崇明老白酒

崇明老白酒也叫水酒,是一种酒精含量较低的米酒(一般只有8°~13°),深受崇明岛人的喜爱。在岛上,无论婚嫁、生日、节庆、殡葬、祭祀等,都离不开这杯甜厚的老白酒。

在崇明岛上,人们只在每年的10月下旬到来年4月这段时间里酿酒。老白酒使用纯糯米酿造,用米曲霉制曲,一般自然发酵大约半个月后就可酿制成功。

一般常见的老白酒有两种,一种清,一种浊。前者一般是厂家生产的,味道较清洌;而后者则多为岛上老百姓自酿的,口感黏腻。

崇明岛东滩湿地公园

必享典故

崇明岛酿造老白酒的历史已有上百年。这里几乎家家户户都会酿造老白酒。在过去经济落后的年代里,酿酒是只有富裕人家才能进行的奢侈之举。大多数的老百姓只到必须用酒时,才会到邻近的酒庄里打几斤回来助兴。但在崇明岛上,由于老白酒酿造技术简单,材料也易得,平常老百姓都能享受美味。

以"菜花黄"和"十月白"两个品种为最佳。崇明的各大超市均有销售。

随着酿造技术的提高,老白酒的质量也越来越好,一瓶450毫升的十月白一般卖价为180元左右。

松江鲈鱼

　　松江鲈鱼，也叫四鳃鲈、花鼓鱼、老婆鱼、花花娘子，是一种小型珍稀淡水鱼类，是国家二级保护动物，位列"中国四大淡水名鱼"之首，有"江南第一名鱼之称"。

　　松江鲈鱼是海淡水洄游性鱼类，主要以活虾为食，喜欢水流湍急之处。独特的生活史和栖息环境，造就了其独特的品质。其体内所含的蛋白质、氨基酸、维生素均比其他肉类食品高得多，营养和药用价值极高。

　　松江鲈鱼身体肥圆，呈纺锤形，外表黄褐色，体长不过12厘米，重100多克，头大耳扁平，口阔而眼小，身上有几道黑纹，还略带黑点。

　　如今市面上出售的松江鲈鱼均为人工培育，因此在上海的各大市场、饭店均可尝到这一美味。

李白

必享典故

　　松江鲈鱼自古就是名品，关于它的文学典故数不胜数。吕洞宾的朱砂点四鳃、左慈戏曹操等，都有其踪迹。"莼鲈"的思乡之情在杜甫、李白、苏东坡等名家笔下，更是传承千年。乾隆皇帝的"江南第一名鱼"令松江鲈鱼身价倍涨，而曾国藩、张之洞等人的推崇也让其名震天下。美国前总统尼克松、英国女王伊丽莎白等，也都对此美味大为赞赏。

　　在江浙一带，新鲜的松江鲈鱼的卖价曾一度叫到每斤2000元。如今市场逐渐回归理性，但松江鲈鱼的价钱仍较高，可卖到七八百元一斤，而一尾鲈鱼需要两三百元。

醉美特产

高桥点心

必购特产

上海高桥镇四大名点指的是松饼、松糕、薄脆、一捏酥。高桥松饼又名细沙千层饼，因其入口酥松而得名，又因酥皮层次分明，每层薄如纸，别称千层饼。高桥松糕远近闻名，曾入选《上海市非物质文化遗产名录》。高桥薄脆外形薄圆，质地酥脆，椒盐薄脆鲜香可口，奶油薄脆则香味浓郁。一捏酥是冬令补进小食，为粉状，吃时用汤匙抄，后来为便于出售，于是制成一捏状，故称一捏酥。产品外形如一手所捏，指纹清晰，完整，不松散，入口松如雪絮，酥如霜花，油而不腻，甜而适口，营养丰富，特别适宜儿童及老年人食用。

必知鉴赏技巧

高桥点心制作精细，皮薄馅多，不破皮，不偏皮，无杂质，入口酥松、甜糯。

高桥历史文化陈列馆

必享典故

高桥镇位于浦东新区北郊，自宋代建镇起，历代名人辈出，是上海的历史文化古镇。其代表人物包括李平书、杜月笙、钱惠安等。高桥点心远近闻名，被列为《上海市非物质文化遗产名录》。传说明末清初，浦东的清溪镇家家户户都会制作各种糕点招待宾客亲友。后来由于清军南下，清溪镇被焚，但流落出来的难民将这种制作点心的手法带到了临近的高桥镇，成为高桥名点。

必购正宗地

位于浦东新区高桥镇清溪路上的高桥松饼是一家老字号，里面除了松饼，也有松糕、薄脆、一捏酥等其他点心。

必知价格

高桥松饼素馅2元一个，荤馅3元一个；薄脆一袋10元。

城隍庙梨膏糖

上海城隍庙梨膏糖最早是在清咸丰年间诞生的,店名为"朱品斋"。后来由于店家善于经营,到民国年间,其俨然成为上海小特产的代表。新中国成立以后,梨膏糖又得到进一步发展,有火腿、松仁、玫瑰等20多个品种。

梨膏糖是用杏仁、桔梗、茯苓、半夏、冬花、前胡、山楂、丁香等药材与白砂糖一起煎熬精制而成,具有生津止咳、平川开胃之效,是一款极好的送礼佳品。

由于卫生部与食品药品监督管理局已经明确规定,食品与药品必须明确分开,食品中尽量减少药物原料,或尽量用药食同源的原料。所以如今除了少量的传统厂家外,大部分食品厂只能生产食用型梨膏糖果,消费者在购买时应注意说明书上的标志。

魏征

相传,梨膏糖与唐初名相魏征有关。当年魏征的母亲患了重病,久咳不止。魏征请来名医为母亲看病。但大夫开出的药实在太苦,其母难以下咽而久病不愈。后来,魏征想到母亲最爱吃梨,且梨汁也有止咳之效,于是命下人将治咳草药磨成粉末,同梨汁一起煎熬后端给母亲服用。其母尝过后,觉得甜香可口,十分爱吃,不久其病痊愈。后来魏征把这种方法传给众人,梨膏糖便广为流传。

上海市黄浦区文昌路39—41号(老城隍庙西侧)。

梨膏糖的价格一般25~35元/500克。

嘉定黄草编

必购特产

上海嘉定区的徐行乡盛产黄草，其表面光滑、柔软、坚韧且可自行染色。用它制作的黄草编织产品为我国独有的手工艺品。早在隋唐时，徐行的黄草编就是进贡皇家的贡品。清朝时已行销欧美，深受人们的喜爱。

草编一般须经过去苋、开辟、染色、模具、编织五个步骤方可成型。徐行的草编包括草编包、草鞋、果盆、拖垫等20多个大类上千个品种，全为纯手工制作，自然环保，造型美观，既具有实用价值，又有观赏价值。

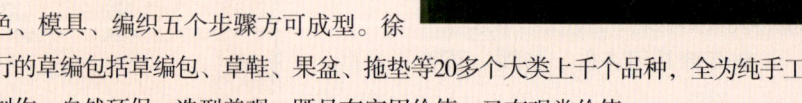

必知鉴赏技巧

嘉定黄草色泽淡雅，质地坚韧光滑，用手轻轻滑过没有粗糙感。其作品纹理清晰，细密匀称，松紧有度，色彩丰富，具有明显的民族地域特色。

必享典故

徐行草编已有近千年的历史。最初黄草编是当地农家为增加收入而发展出的一门家庭工艺。在过去，几乎家家户户都会编织黄草。这支撑起了许多嘉定农民的生活。但如今，由于黄草编织工艺的复杂与烦琐，愿意从事这项工艺的年轻人已经很少了。

上海嘉定汇龙潭

必购正宗地

在上海的城隍庙、州桥、徐行等旅游购物观光地都可以买到做工精细的草编工艺品。

必知价格

做工精细的纯手工草编工艺品价格都较高，一般一双拖鞋可卖到200元，而一个手工包则需要300元。

上海面塑

以著名面塑艺术家赵阔明为代表的上海面塑，是上海民间工艺的代表。面塑，俗称捏面人，也叫江米人，是以糯米粉和面粉为原料，加入适量的防裂、防霉、防蛀的药物和各种颜料，揉成面料，经艺人揉捏成形，最后上笼蒸熟而成。

在过去，主要用于嫁娶礼品、殡葬供品，也用于寿辰生日、赠送亲友、祈祷祭奠等方面，内容也大多为各种食物模具。如今，上海面塑主要作为一种工艺品供人们收藏，其题材内容也大多以历史人物故事为主。

上海面塑多以神话历史人物为原型，注重对细节的雕琢，讲究对故事的整体理解，其面部神态自然，服饰简练细腻。

在上海老城隍庙、豫园等游览地，游客可以看到现场捏面塑表演，也能买到漂亮逼真的面塑工艺品。

上海面塑

说到上海面塑，就不得不提到上海面塑的创始人——有"面人赵"之称的赵阔明。赵阔明（1901—1980），生于北京。他19岁开始捏面人，25岁就在北京成名，32岁被天津人誉为"面人大王"。20世纪30年代时，他在上海结识民间泥塑大师潘淑华，随其学习泥塑制作。后来赵阔明将泥塑与面塑相结合，开创了海派泥塑。其作品人物形象逼真，面部刻画细致，衣纹简练概括，被称为"立体的画，无声的戏"，在国内外享有很高的声誉。

一个普通面塑大约为5元。好的也有几十元甚至几百元的。

上海牙雕

必购特产

上海牙雕是我国四大牙雕之一,以空灵剔透、工艺细致闻名全国,尤其善于人物雕刻,其造型小巧别致,生动逼真。

上海牙雕擅长镂雕细花、皮雕和圆雕。其中尤以镂雕细花最具特色,构图完整,内景与外景融为一体,被誉为地方品牌产品,为海派牙雕所独有。

必知鉴赏技巧

真品象牙质地细腻,拿在手中有沉重感,身上有牙纹。其雕刻作品精致完美。此外,象牙制品没有疏水性,若以水珠滴在上面,水滴没有明显的边缘,用手摸开后就能很均匀地吸附在制品上。

必享知识

上海牙雕的历史可以追溯到4000多年前,但直到开埠后,随着福建、江苏、北京等地的艺人们陆续来到上海后,上海的牙雕才正式发展起来。上海牙雕来源于苏州牙雕,同时又吸收北京牙雕、广州牙雕的精华,形成独特的海派牙雕。

南京路老凤祥银楼

必购正宗地

位于南京东路432号的老凤祥银楼总店三楼是由国家林业局、国家工商行政管理总局批准的"象牙指定销售场所"。

必知价格

由于原料稀缺,近两年的牙雕制品价格愈走愈高。在上海市的拍卖行,甚至拍出一件价值19.55万元天价的牙雕作品。而在商行里,普通的牙雕饰品价钱一般为千元左右。

嘉定竹刻

嘉定竹刻久负盛名，是我国竹刻工艺品的精品。嘉定竹刻艺人以刀代笔，融书、画、诗、文、印等诸多艺术形式于刀尖，以竹子为载体，善于深刻、浅刻、薄地阳文、浅浮雕等手法，赋予竹子新的生命力，使竹刻作品拥有了书卷之气和金石品味。其作品典雅绝俗，历来为文人雅士的赏玩之物。

嘉定竹刻是我国竹刻工艺的精品，品种包括笔筒、香筒、插屏、抱对等。其刻法具有明显的地域风格。2006年，嘉定竹刻入选《国务院第一批非物质文化遗产名录》。

嘉定竹刻所使用的上海竹，质地坚韧，身干挺拔，是极好的竹刻材料。嘉定竹刻的形制多适合文人口味，以竹筒和竹片为主；人物画面讲究，细节处理精细。

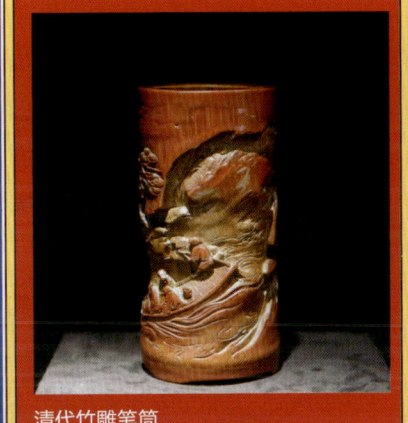

清代竹雕笔筒

必享典故

嘉定竹刻始于明隆庆、万历年间，距今已有400多年的历史，由朱鹤祖孙三人共同开创。明朝时，江南的竹刻工艺发展成"金陵派"和"嘉定派"两大派。其中嘉定竹刻的创始人被公认为嘉定人朱鹤。

朱鹤，字子鸣，号松邻。为人品性高洁，博雅多艺，工于韵语，善书画，精摹印，犹善竹刻；与子缨，孙稚征，均擅长竹刻，世人称为"嘉定三朱"。

位于上海市嘉定区州桥历史文化风貌保护区内的嘉定竹刻博物馆，内有历史馆藏竹刻精品以及当代竹刻艺人的作品。

从几十到几千元的都有。在2009年的秋季拍卖中，张伟忠于2008年创作的《嘉定三朱竹雕插屏》，经过激烈的角逐，通过近10轮的竞拍，最终以17.5万元成交。

江苏特产

　　江苏是华东第一省。其历史悠久，文化多元，兼具南北特色。所以当地的特产相当多，如苏绣、宜兴紫砂陶器、苏州丝绸等。此外，江苏地处美丽富饶的长江三角洲，地形以平原为主，地势低，河湖众多，其优越的地理条件也为农作物的生长创造了良好条件，有特产碧螺春茶、镇江醋、南京云锦、缂丝、苏州丝绸、扬州酱菜、扬州漆器、高邮咸鸭蛋等。

苏绣

苏州吴县是苏绣的发源地，被称为锦绣之乡。苏绣与湘绣、粤绣、蜀绣合称为中国的"四大名绣"。按其用途可分为装饰类和实用类，按其观感可分为单面绣和双面绣。

其针法更是繁多，现在已发展成为齐针、乱针、接针、散套、打子等四五十种。苏绣曾获得过众多奖项，深受国内外游客喜爱。

质量较高的苏绣图案秀美，做工细致，技艺娴熟，色彩淡雅，反之则图案呆板，做工粗糙，缺乏艺术性；好的苏绣光洁度高，针线绣得很密，呈现出的图案富有立体感，差的则相反；好的苏绣，其座驾一般是中国古典式的红木雕花，手感细腻，相反，次品的架子一般使用白木，其手感粗糙，长时间搁置便会龟裂。

苏绣：猫

必享典故

苏绣的历史悠久，早在三国时期就有关于其制作的记载。西汉刘向《说苑》中记载，春秋时期，吴国已经将其用于服饰。三国时期，吴王孙权曾命令丞相赵达的妹妹手绣《列国图》，并让她绣上海河、城邑、五岳等图案，因此出现了"绣万国于一锦"之说。宋代的《青秘藏》中也有关于苏绣的记载。明代时，苏绣已经成为苏州地区人们普遍的技艺。清代时期，苏绣以"精细雅洁"而闻名，因此苏州便有了"绣市"的美称。民国时期由于长年的战乱，苏绣逐渐衰落，但是新中国建立后，它又得到了恢复和发展。

苏州刺绣研究所，是正宗的刺绣产地和研究机构（苏州市景德路272号，环秀山庄内）；苏州丝绸博物馆（人民路2001号，北塔寺旁边）。

因为做工不一样，其价格也相差很大，几十，几百，几千，几万元的都有。

宜兴紫砂陶器

必购特产　宜兴具有"陶都"之称,那里有一种独特的澄泥陶,颜色绛紫,用其制成的物品被称为"紫砂器",也被叫做"紫砂"。宜兴紫砂陶的装饰艺术很完美,不仅可以陶刻,还有镶嵌、捏塑、泥绘等,享有很高的艺术价值和文化内涵。

正宗的宜兴紫砂壶具有良好的透气性,用其泡出的茶香气四溢且不失原味,储存茶不变色,隔夜不易馊。

范蠡

必知鉴赏技巧　第一看颜色,纯正紫砂的颜色应该有玉石般的韵味,其光质像上了油一样,越擦越润;第二闻味道,掺杂了化工原料的茶壶有异味;第三听声音,将茶叶放入紫砂壶后倒入开水,若紫砂壶发出沙、哑、沉的声音,则说明壶的材质透气性好;如果倒入水后,发出金属声或瓷器般的脆生,就可以判断出此品非紫砂壶或者是紫砂不纯;第四凭手感,纯紫砂壶的手感光滑圆润、舒坦自然。

必享典故　宜兴陶瓷已有5000多年的历史。传说,在2400多年前的春秋战国时期,越国的范蠡帮助勾践灭了吴后就辞官隐退了。之后,他带着美女西施来到了宜兴地区定居,并靠制陶来维持生计。因此当地的人便尊称他为陶业的祖师,也称他为"陶朱公"。

必购正宗地　宜兴紫砂壶专卖店(宜兴市丁蜀镇中国陶都陶瓷城H7-1148)。

必知价格　由于陶器大小不一,做工不一,其价格也不一样,一般几百到几千元不等。

江苏特产

碧螺春茶

必购特产

碧螺春属于绿茶,是中国十大名茶之一。它产于江苏省苏州市太湖的洞庭山,因此又被称为"洞庭碧螺春"。这里的水源、土壤等自然条件都为茶树的生长创造了有力的条件。此茶不仅味道独特诱人,还具有清热降火、利尿、抗菌抑菌、减肥等保健功效,对身体十分有益。

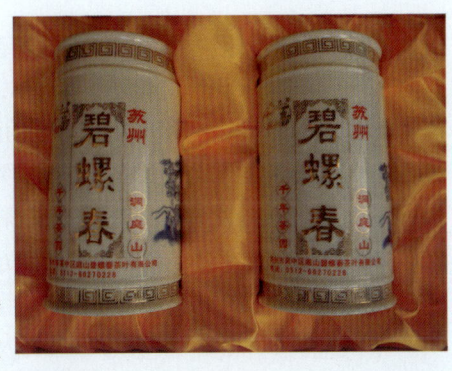

必知鉴赏技巧

第一,观茶叶色泽,没有添加色素的碧螺春色泽较自然柔和,添加色素的碧螺春看上去则颜色鲜艳且发黑、发绿、发青、发暗。第二,观看泡好茶的色泽,没加色素的茶色清澈柔和,青黄明亮,加入色素的茶色则暗黄且发绿,跟陈茶的颜色一样。第三,观碧螺春的茸毛,纯正的茶叶应该满皮都是白色的小茸毛,如果其茸毛多为绿色,那很可能是被染绿的效果。

碧螺春茶罐

必享典故

碧螺春已有1000多年的历史。相传曾经有一个尼姑上山游玩,顺手摘了几片茶叶,泡成茶后奇香扑鼻,于是脱口说道"香得吓煞人"。自此,当地人把这种茶叫为"吓煞人香"。清朝时,康熙皇帝视察并品尝了这种茶,连连称赞,认为其名"吓煞人香"有些不雅,故又为其取名"碧螺春"。从此,每年都要向皇宫进贡这种茶。

必购正宗地

三万昌专卖店有多家,如三万昌茶楼观前街店(苏州平江区观前街121号,0512-67707730);三万昌苏州茶叶专卖店十全街店(苏州平江区十全街452号,0512-65188013)

必知价格

由于等级不一样,因此茶叶的价格也差别较大,便宜的150元左右/500克,贵的1000多元/500克。

醉美特产

镇江醋

必购特产

镇江醋又叫镇江香醋,属于黑醋,始创于1840年,在我国众多醋品中别具一格。它与山西老陈醋、保宁醋、福建永春老醋并称为我国的四大名醋。镇江醋用料考究,制造工艺精湛,制作程序复杂,味道纯正,被誉为"醋中上品"。其在1909年开始出口,曾5次获得国内的金牌奖、优等奖、一等奖等;1980年时荣获国家银质奖章。

镇江醋博物馆

必享典故

梁代陶弘景的《本草经集注》中就有关于米醋用法的记载。因此可推算镇江醋已有1400多年的历史。1840年朱兆怀始创"朱恒顺糟坊",酿造"百花酒",成为当时的皇宫贡品。1850年,朱氏改换牌号为"朱恒顺糟淋坊",把酒糟放入谷壳中发酵,酿制香醋,这便是镇江第一家醋厂。

必知鉴赏技巧

第一看牌子,镇江醋比较正宗的品牌有恒顺、恒康、金山寺、金山、北固山等;第二看产地,镇江醋是原产地保护产品,镇江以外地域生产的都不正宗;第三看醋的商标,商标上有QS证、原产地域证,才是正宗的;第四看色泽纯度,正宗的镇江醋为琥珀色,纯度浓厚且有沉淀;第五通过品尝来鉴别,假的镇江醋很酸很涩。

必购正宗地

镇江酱醋专卖店(句容市华阳镇元亨商住楼门市3-5#,0511-87227950),恒顺醋厂销售部(镇江市中山西路84号,0511-85230222)。

必知价格

价格大约20元一瓶。

江苏特产

南京云锦

必购特产 南京云锦因为绚丽多彩，美如天上的云霞而得名。它是我国传统的工艺美术珍品之一，是南京工艺"三宝"之首，与广西的壮锦、成都的蜀锦、苏州的宋锦并称为"中国四大名锦"。其历史悠久，在元、明、清时是皇家御用的贡品，被称为"东方瑰宝"、"中华一绝"，成为中华民族乃至全世界最珍贵的历史文化遗产之一。

必知鉴赏技巧 正宗的南京云锦采用"色晕"的方法，使织好的花具有层次感，质地坚实，花纹优美，色彩庄重，由于大量地使用金线，因此形成了金碧辉煌的独特风格。此外，还可从以下方面辨别：通过颜色辨别，颜色越多、越绚丽，越不可能是假的；根据价格判断，一般纯手工制作的要比机器制作的价格高许多。

南京云锦孔雀开屏

必享典故

相传南京城内的西边有一个小草房，里边住着一位叫张永的老艺人。他替财主下机织锦。有一次财主要过生日，便逼张永为其织一块"松龄鹤寿"的云锦挂屏。由于时间紧迫，张永祈求天上的云锦娘娘帮助。云锦娘娘便派身旁的仙女帮其织好了云锦，并设计抓瞎了财主的眼睛。后来人们为了纪念云锦娘娘，便把张永住的那条街称为"仙鹤街"。

 **必购正宗地** 南京云锦专卖店（山西路57号工贸大厦613，025-83306279）；中国南京云锦博物馆（建邺区茶亭东街240号，025-86518580）；六朝锦坊南京云锦旗舰店（珠江路681号附近）。

 **必知价格** 根据云锦产品的不同，人工制作与机器制作的不同方法，其价格也不一，几百元到几千元的都有。

缂丝

缂丝又被称为刻丝，是中国丝绸艺术品中的精华。苏州缂丝自宋元以来就比较有名，一直是皇家御用的织物之一；又因其织造过程极其细致，便有了"织中之圣"与"一寸缂丝一寸金"的盛名。到了明清时期，苏州缂丝仍然长盛不衰。其制作工艺复杂，一般多达16道工序，技艺高超且具有创新性。其艺术品高雅秀丽，情趣盎然，画面色彩浓淡自如，给人美的感受。

一是看纹样，北宋的缂丝织品比较细密且纹样内容很丰富，明代的则装饰很强，配色也很大胆、夸张，清代的特点是细腻高雅；二是看款式，北宋时期的缂丝艺术水平以定州为最高，明代以苏杭为最好，清代的苏州缂丝是一枝独秀。三是看款识，缂丝作品上一般都有缂工的落款，像宋代的缂丝名家吴煦、沈子蕃、朱克柔等。

黄缂丝十二章福寿如意衮服

必享典故

据日本学者藤井守一考证，中国缂丝织物早在公元前2500年左右就已存在，到了商代时期就变得很精良了。中国新疆楼兰古城的汉代遗址中曾出土"中西混合风格"的缂丝毛织品。1972年，湖南长沙马王堆汉墓中又出土了缂丝毛织物，其制作工艺十分精巧。1973年时新疆吐鲁番阿斯纳古墓中出土了一件缂丝腰带。经中国科学家考证，此物为公元前7世纪的舞俑腰带，这是中国目前发现的最早的缂丝实物。

苏州西部民间缂丝织绣厂（太湖之滨东渚镇）；苏州市相城区蠡口姚祥缂丝厂（苏州市相城区）。

其价格要看产品的年代，如，一个清代的缂丝荷包要1500元左右；如果是宋代的那就更贵了，可高达一千多万。

江苏特产

苏州丝绸

必购特产

苏州是丝绸的故乡,那里的丝绸产品一直绵延不绝,其种类名目繁多,主要有织金、贡缎、闪缎、天鹅绒、漳缎等。其用途很多,不仅可以作为服用绸,还可作为装饰绸或做成工业绸、保健绸。

必知鉴赏技巧

首先,可以通过品号识别。国产的丝绸都有统一的品号,是由5位数字组成,左边第一位数字表示的是料子的品种。其次,可根据光泽、手感来识别。全真丝绸呈柔和的珍珠光泽,且手感柔和飘逸;而那些化织物光泽是刺眼的明亮,手感还很硬。第三,还可用燃烧法来辨别。蚕丝在燃烧时会散发出烧羽毛的味道,很难续燃,自己会熄灭。

苏州丝绸衣服

必享典故

苏州的先辈很早就掌握了养蚕纺丝的技术。园区唯亭镇草鞋山曾出土过6000年前的纺织物残片,吴兴县钱山也出土过4700年前的丝织品实物。

《史记》中记载:公元前519年,吴楚两国为争夺边界的桑田,还发生过大规模的"争桑之战"。三国东吴时,苏州的丝绸已经发展成为重要的物资。

必购正宗地

人民路上的皇后绸都;人民路接驾桥附近的"丝绸大厦";观前街上的乾泰祥;苏州市东吴商行。

必知价格

其价格根据材料的不同也不一样,一般的大概在200~300元一米。

扬州酱菜

必购特产

酱菜有南北风味之称，北味以北京酱菜为代表，南味则以扬州酱菜"三和四美"为代表。创立于1796年的"三和"取义于梅、竹、松三者，四美则是清朝的一个秀才根据《滕王阁序》中的"四美具，二难并"来起的名，含义是鲜甜脆嫩。

扬州酱菜不仅是一种调味的佳品，也是一道配餐吃的美味。其不仅深受国内大众的喜爱，还远销于海外。

扬州酱菜

必享典故

扬州酱菜历史悠久，相传其源于汉代，隋唐时候得到很好的发展。鉴真曾将其制作方法传入日本。于是日本人便效仿其做法，并一直延续至今。有首诗写道："豆腐酱菜数奈良，来自贵国盲人乡。民俗风习千年久，此地无人不称唐。"明清时期扬州酱菜达到兴盛，并被列为宫廷御用小菜。

必知鉴赏技巧

从外观上看，扬州酱菜形状美观，菜色很有光泽，卤汁是澄清的；从口感上鉴别，其酱香浓郁且咸甜适中，里边的鲜乳黄瓜皮薄、肉嫩，十分爽口。

必购正宗地

扬州三和四美酱菜有限公司高邮专卖店（扬州市高邮市）；国香酱菜批发部（扬州市广陵区，0514-87820759）。

必知价格

价格较便宜，120克的酱菜1.6元左右一袋。

扬州漆器

 必购特产　扬州漆器是中国传统的工艺品种，驰名于国内外。其装饰工艺包括"雕漆"、"骨石镶嵌"、"彩绘"等十大类。其用途也十分广泛，不仅可以作为家居用品，还可作为礼品、旅游纪念品。其在1910年、1915年、2001年三次参加国际博览会都获得了金奖。

必知鉴赏技巧　不同种类的漆器鉴赏方法不同。如刻雕工艺品，色彩均匀调和，附着的金箔很牢固，且颜色统一饱满；骨石镶嵌工艺品，色彩丰富、协调，配景得当，具有层次感；平磨螺钿工艺品，画纹功夫纯熟，线条流畅，漆面光亮平整……

唐玄宗李隆基

必享典故　扬州漆器起源于战国，秦汉时开始兴旺，明清达到鼎盛。据《杨太真外传》《九阳杂俎》等书记载，唐玄宗经常把扬州所贡的名贵漆器赐给安禄山和其他大臣。唐代的时候，漆器被列为扬州24种贡品之一。唐天宝十二年（753年），鉴真曾携带漆盒、漆盘等几十件漆器东渡日本。宋代的漆器也得到一定的发展。1967年，扬州邗江的西湖乡出土了漆器的圆盘，直径40厘米，图案是用黑漆彩绘的，画面清晰，色彩鲜艳。

 **必购正宗地**　扬州市敦煌漆器厂（扬州市漕河路56号，0514-5229280）；扬州漆器厂（扬州市沿河街50号）。

 **必知价格**　由于做工不一样，种类不一样，价格也不同，一般漆器为几十至几百、几千元不等。

醉美特产

高邮咸鸭蛋

必购特产

高邮市地理位置优越，周围水域辽阔，稻谷满仓，鱼虾满塘，被称为鱼米之乡。这里的鸭子在水网地区放养，个头大，毛皮紧，觅食能力强，所生的蛋质量好，不添加任何人工色素。高邮的鸭蛋比一般鸭蛋要大，平均每只重105克左右。当地的人们都在清明节前后腌制鸭蛋，一个月后便可食之。煮熟后的咸鸭蛋颜色红而且油多，味道十分诱人。

必知鉴赏技巧 正宗的高邮咸鸭蛋是以青色的为好，蛋黄要比一般的鸭蛋大，蛋白又白又细腻。

高邮湖

必享典故

据相关史料记载，早在乾隆年间高邮咸鸭蛋就已经成为餐桌上的美味了。袁枚的《随园食单·小菜单》中还写有"腌蛋"的相关内容：腌蛋以高邮为佳，颜色细而多油，高文端公最喜食之。席间，先夹取以敬客。放盘中，总宜切开带壳，黄白兼用。

必购正宗地 高邮市红太阳食品有限公司（高邮市城南经济新区）；扬州中宇食品有限公司（扬州市卸甲工业园）。

必知价格 一般75克（26只）高邮咸鸭蛋的礼盒在80元左右。

浙江特产

　　浙江物产丰饶，素有"鱼米之乡，丝绸之府"之称。大名鼎鼎的杭州丝绸，中国八大名茶之首的西湖龙井，三大名剪之一的张小泉剪刀，传承千年的龙泉宝剑，书写锦绣江南的善琏湖笔，质地细腻的昌化鸡血石等，都在述说着浙江灿烂秀雅的吴越文化。

都锦生丝绸

杭州素有"丝绸之府"之称。白居易当年就曾写下"丝袖织绫夸柿蒂，青旗沽酒趁梨花"的诗句，道出了当时杭州丝绸的高水准。

杭州丝绸最有名的，便是创于1922年的百年老店——都锦生。它曾是我国最大的丝绸工艺品生产出口企业。其产品做工细致，富丽堂皇，雍容华贵，包括绸、缎、绫、绢等14大类，上百个品种，上千种花色，被誉为"东方艺术之花"。

真丝绸摸起来柔软爽滑，且冬暖夏凉，十分舒适。将其抓起后会留下皱褶。另外，用燃烧的方法也能立刻分辨出真伪，真丝燃烧后的味道是类似于烧头发的味道，留下的是灰烬。另外，真丝十分容易染色，而仿真丝在常温下是什么燃料都不能染上去的，即使染上，用清水轻轻一洗就掉了。

都锦生塑像

必享典故

都锦生丝绸是由民国著名爱国实业商人都锦生先生创办。都锦生（1897—1943年），号鲁滨，土生土长的杭州人，1919年毕业于浙江省甲种工业学校机织专业并留校任教，曾亲手织出我国第一幅丝织风景画"九溪十八涧"。1922年在亲戚的帮助下办起都锦生丝织厂，很受大众欢迎。"九·一八"事变后，因不配合日军，工厂被迫停产。于1943年5月在上海悲愤病逝。

都锦生在杭州有多家专营店，如下城区龙游路48号、凤起路519号、凤起路411号、武林广场的杭州购物中心等。

一般真丝产品的价格都比较高，如都锦生的一块边长51厘米的小方巾，价钱可卖到40元。而长度超过150厘米的披肩则能卖到160元。

西湖龙井

必购特产

西湖龙井茶，因产于中国杭州西湖的龙井茶区而得名，为中国十大名茶之首。龙井茶有"四绝"：色绿、香郁、味甘、形美。西湖龙井茶向以"狮（峰）、龙（井）、云（栖）、虎（跑）、梅（家坞）"排列品第，以西湖龙井茶为最。

龙井茶外形挺直削尖、扁平俊秀、光滑匀齐，色泽绿中显黄。冲泡后，香气清高持久，香馥若兰。品饮茶汤，沁人心脾，齿间流芳，回味无穷。

必知鉴赏技巧

西湖龙井要求茶叶为扁形，叶细嫩，条形整齐，宽度一致，为绿黄色，手感光滑，一芽一叶或二叶；芽长于叶，一般长3厘米以下，芽叶均匀成朵，不带夹蒂、碎片，小巧玲珑。龙井茶味道清香，假冒的则多是清草味，夹蒂较多，手感不光滑。

杭州龙井问茶处

必享典故

龙井茶历史悠久，最早可追溯到我国唐代。当时著名的茶圣陆羽，在所撰写的世界第一部茶叶专著《茶经》中，就有杭州天竺、灵隐二寺产茶的记载。北宋时期，西湖群山生产的"宝云茶"、"香林茶"、"白云茶"都已成为贡茶。元明时期，龙井茶的品质得到进一步提升。清乾隆帝下江南巡视杭州时，曾在龙井茶区的天竺作一首名为《观采茶作歌》的诗，并将胡公庙前的18棵茶树封为"御茶"。从此，龙井茶更是名扬天下。

必购正宗地

杭州市西湖区西湖街道的翁家山村，是西湖风景名胜区的核心部分。村内有常住人口900余人，拥有龙井茶园40多公顷，历来是登高望西湖和赏桂品茗的好去处。另，杭州市有多家龙井茶专卖店，如上城区河坊街187号的西湖茶社（0751-87807457）。

必知价格

龙井是上等茶叶，其价钱较其他茶叶要高，普通的500元/500克，而每年3月采的高档龙井茶则达到1000元以上/500克。

张小泉剪刀

"张小泉"剪刀是我国手工业的传统名牌,已有300多年历史,是中华老字号。它与孔凤春"杭粉"、王星记"杭扇"、都锦生"杭锦"、宓大昌"杭烟",并称为"五杭",蜚声海内外。乾隆年间张小泉剪刀被列入朝廷贡品。

现在张小泉剪刀产品包括家庭用剪、工农业园林剪、服装剪、美容美发剪、旅游礼品剪、刀具等共100多个品种,400多个规格,远销东南亚、欧美等地区。

消费者可用水笔或笔鉴别防伪标志。辨别张小泉剪刀的真伪:第一,用带有颜色的水笔涂在防伪膜表面,随手擦掉,在"张小泉"字样上面立即显出水笔的颜色,否则就是假货;第二,将表层防伪膜撕开,用钢笔涂抹,则下边衬纸上可留下清晰的印章效果;否则是假货。

乾隆

必享典故

据说清朝乾隆皇帝第二次下江南到杭州时,乔装打扮,混入香客之中,信步上山游览。正当其游兴正浓时,天公却不作美,突然下起雨来。他只好下山寻屋避雨,匆忙中走进一间挂着写有"祖传张小泉剪刀"字样招牌的作坊。乾隆好奇,顺手拿一把剪刀一看,只见寒光闪烁,锋利无比,便买了一把带回宫去使用。从此,张小泉剪刀名声大作。

张小泉剪刀在杭州有多家营销店,包括上城区后市街2号、上城区延安路255号(0571-87830425)、拱墅区和睦路244号(0571-87088935)、解放路162号(0571-87061860)等。

一把20元左右。

王星记扇子

必购特产

杭州是我国的制扇名城,与苏州、岳州并称我国三大制扇中心。杭州扇以"雅"著称,首推"王星记",它是杭州百年制扇老店,是我国唯一的综合性老字号扇子厂。

王星记生产的扇子,制作技艺精湛,经久耐用,种类齐全,特别是黑纸扇和檀香扇不仅被国家博物馆馆藏,还常被作为"国礼"馈赠给前来访问的外国元首,被称为"东方瑰宝",具有极高的艺术价值,与杭州丝绸、西湖龙井并称"杭产三绝"。

必知鉴赏技巧

扇子的鉴赏主要包括扇面和扇股。扇面要求书画精到工整,因扇子小,寥寥数笔兰竹或四五个大字的作品,除非高手,一般较难做好。扇股上有雕工,从主题到技法都有雅俗高下之分:阳刻耗时费功,平地阳刻比沙地留青更费工时,但易入能品;阴刻刀法多变,线条讲究刀味,与书画篆刻的关系较近。

杭州王星记老字号

必享典故

王星记的创始人名叫王星斋,是世代居于杭州的绍兴人。他自幼从家传学习制扇手艺。清朝光绪元年(1875年)开设王星斋扇庄。由于其制作的黑纸扇泥金满斗式花扇深得朝廷喜爱,被选为宫廷贡品。1929年王星斋之子王子清在杭州成立"王星记"店并注册"三星"商标。1938年又迁到上海,推出描绘西湖景色的檀香扇,畅销多处。中华人民共和国建立后在杭州重新成立王星记扇厂。

必购正宗地

王星记在杭州有多家分店,如仁和路62号(0571-87061327)、邮电路92号河坊街203-205(0571-87830144)。

必知价格

一把扇子的价钱从十几元到上千元不等。

昌化鸡血石

鸡血石主要由迪开石、高岭石和辰砂组成，因其中的辰砂色泽艳丽，红色如鸡血而得名。鸡血石中红色部分称为"血"，红色以外的部分称为"地"、"地子"或"底子"，可呈多种颜色。

我国鸡血石的主要产地是浙江昌化与内蒙古的巴林地区，其中昌化的鸡血石开发始于明，盛于清乾隆，至今已有600多年的历史。其出产的鸡血石石质绝佳，具有"细、红、润、腻、温、凝"六德，是上好的印石材料，历来被誉为"石后"、"印石公主"、"章石皇后"。好的鸡血石都不加雕琢，以做印章为最宜。

鸡血石硬度很低，用牙齿咬或用刻刀划其表面，都会留下印痕；而外形与鸡血石类似的铁矿石、石英石硬度都比较高，牙很难咬动。此外，借助放大镜、聚光手电筒照耀宝石表面，若其红色出现波光流溢的幻彩景象，则为真鸡血石，若无很可能是假货，或是鸡血石中等级较低的产品。

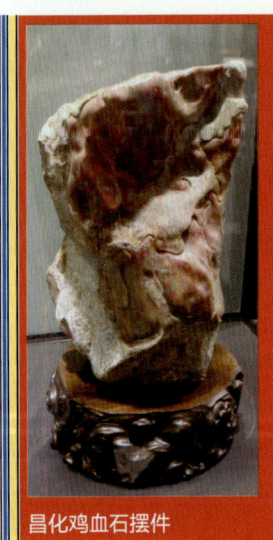

昌化鸡血石摆件

必享典故

昌化鸡血石的来源有一则传说。相传古时候有一种叫"鸟狮"的飞禽，其生性好斗。一天，鸟狮觅食飞过玉岩山，看到一只正在孵蛋的凰，恶性又起，对凰发起攻击。凰不敌受伤哀鸣。凤闻讯赶到后，连同凰打败"鸟狮"。凤凰虽然胜利了，但凰鲜血直流，染红了整个玉岩山，遂成了光泽莹透如美玉的鸡血石。

杭州市临安市昌化镇永丰路鸡血石总汇、杭州市临安市上溪乡的鸡血石专业销售村、杭州市城中街云中绿园8号国宝鸡血石（0571-63963196）、杭州市衣锦街390号昌化鸡血石（0571-63748474）、杭州市通惠路136号西泠印社等。

鸡血石的等级、成分不同价钱也不同，西泠印社鸡血石印章的价钱一般为百元上下，而普通的小块鸡血石的价钱为15~50元。

安吉白茶

安吉白茶虽名为白茶，但其制茶为绿茶的未发酵工艺，因此归属于绿茶一类。安吉白茶之所以称"白"，是因为其原材料为一种白化变异的茶树。其茶树春季发出的嫩叶为纯白，在"春老"时变为白绿相间的花叶，至夏才呈全绿色。

安吉白茶树产"白茶"的时间很短，通常仅一个月左右，因而极为稀有。其营养丰富，氨基酸含量高出一般茶一倍，可降血压、血脂、抗衰老、护肝、抗癌、减肥等。

安吉白茶罐

必享典故

白茶的名字最早出现在唐朝陆羽的《茶经》中："永嘉县东三百里有白茶山。"北宋庆历年间："白叶茶，芽叶如纸，民间大重，以为茶瑞。"

宋徽宗赵佶《大观茶论》记："白茶自为一种，与常茶不同，其条敷阐，其叶莹薄，崖林之间，偶然生出，虽非人力所致，有者不过四五家，生者不过一二株。"自有这个记载一直到明代的350多年中，没有再发现过白茶。如今安吉白茶的出现，可谓填补了历史的空白。

一观外形，毫芽多且肥硕壮实，叶片肥大又嫩白，则表示"嫩度"高，为上品。二辨颜色，首先看芽叶的色泽：若毫芽的色泽银白有光泽，叶面灰绿或墨绿、翠绿的，则为上品；其次看汤色：若泡汤后汤色呈现杏黄、杏绿且清澈明亮的，则为上品。三闻香味，若细闻毫芽，香味浓烈显著，清鲜纯正的，则为上品。

位于安吉县城迎宾大道61-63号的玉鑫茶行（0572-5220829）创于1988年，是安吉白茶里的老字号，信誉良好。

安吉白茶档次很多，根据时间、区域、山段、采摘等多种原因，白茶的品质、口感也大不相同。一般白茶的价格在300~2000元/500克。

善琏湖笔

必购特产 善琏湖笔简称湖笔，是我国的文房四宝之一，与宣纸、端砚、徽墨并称"文房四宝"，有"毛颖之技甲天下"、"紫毫之价如金贵"之称，历来被誉为"笔中之冠"。善琏制笔的历史已有2000多年，其选料精细，品种繁多，制作工艺精湛，从选料到成品，至少有120道工序，粗的有碗口大的工书笔，细的仅有绣花针大小的蝇头小楷。

必知鉴赏技巧 一支好的毛笔，主要看锋颖的长度，锋颖越长，毛的质量越好。锋颖指的是毛笔上面颜色比较深的一截，行家的话叫黑子。好的毛笔要求锋颖没有杂毛，顶上面不分叉。这样写字时才能抱拢不散，吸墨匀足。

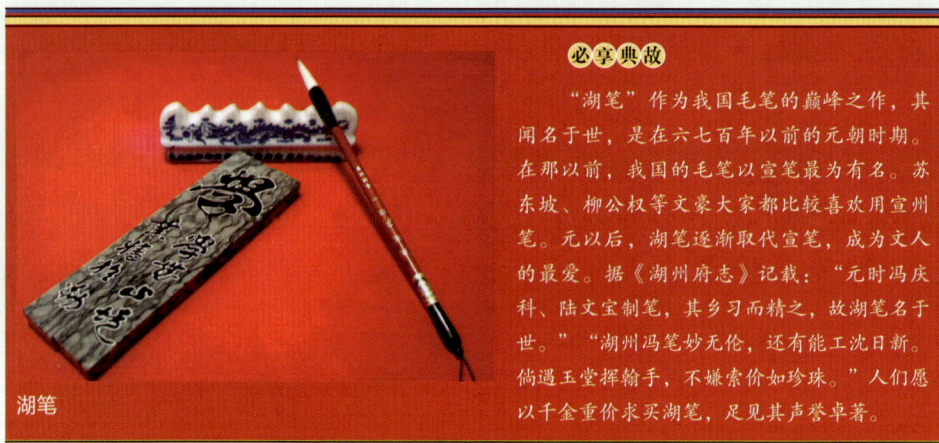

湖笔

必享典故 "湖笔"作为我国毛笔的巅峰之作，其闻名于世，是在六七百年以前的元朝时期。在那以前，我国的毛笔以宣笔最为有名。苏东坡、柳公权等文豪大家都比较喜欢用宣州笔。元以后，湖笔逐渐取代宣笔，成为文人的最爱。据《湖州府志》记载："元时冯庆科、陆文宝制笔，其乡习而精之，故湖笔名于世。""湖州冯笔妙无伦，还有能工沈日新。倘遇玉堂挥翰手，不嫌索价如珍珠。"人们愿以千金重价求买湖笔，足见其声誉卓著。

必购正宗地 湖州市红旗路123号、湖州市爱山广场1号楼1-2号铺的王一品斋笔庄等。

必知价格 单只学生用笔的价钱一般在2~20元，而包装精美的礼品笔的价钱一般不会低于百元。

浙江特产

绍兴黄酒

必购特产

黄酒是世界三大古酒之一,其中最具代表性的便是绍兴酒。绍兴黄酒声誉斐然,早在清朝时就被评为我国十大名产之一。绍兴酒主要指四个品种,即元红酒、加饭(又称花雕)酒、善酿酒、香雪酒。加饭酒(花雕)为半干型黄酒,是绍兴酒中最佳品种。加饭酒,顾名思义,是与元红酒相比,在原料配比上增加饭量。最先"花雕"指的是陈年绍兴酒。善酿酒为半甜型黄酒,甜度较高,质厚。香雪酒为甜型黄酒,酒度、糖度较高,因其糟色白雪,香味浓郁,故称"香雪"。

必知鉴赏技巧

真正的好绍兴黄酒味正纯和,口感醇厚顺口,无杂异味;酒色橙黄,清澈透明,有少量蛋白质沉淀;倒点黄酒放手上,会有有强烈的滑腻感,蒸发后非常黏手。假黄酒一般是用平常酒精配制的,香味是用香料做的,甚至有浓重的酒精味道。

绍兴花雕酒

必享典故

关于绍兴酒的文字记载,最早出现在《吕氏春秋》和《左氏春秋》中。《左氏春秋·越语》篇中,越国为增加国家人口,采取一系列奖励生育的政策,中有一条:"生丈夫,二壶酒,一犬;生女子,二壶酒,一豚。"《吕氏春秋·顺民篇》记载:据说勾践回来出师伐吴时,乡亲敬酒。勾践将酒倒在河的上游,与将士们一起迎流共饮,军民振奋,终于战胜吴国,成为春秋最后一霸。那条倒酒的河被后人称为"投醪河",至今还流淌在绍兴城南。

必购正宗地 绍兴市中兴南路639号(0575-88064346),是会稽山绍兴酒的营销点之一。

必知价格 绍兴黄酒品种多样,一般加饭酒大约为30元/500毫升,善酿花雕50元/500毫升。

醉美特产

金华火腿

必购特产

金华火腿是浙江最负盛名的风味特产，早在清朝的时候就被列为皇家贡品，又在1915年的巴拿马万国博览会上，荣获商品质量特别奖。如今金华火腿畅销日本及东南亚各国。

金华火腿也叫火膧，它使用金华一带出产"两头乌"的猪腿为原料，经过上盐、整形、翻腿、洗晒、风干数月后乃成。其品种多样，在隆冬时腌制的叫正冬腿，呈月牙形的称为月腿，与狗腿一起腌制的，称戌腿……

必知鉴赏技巧

用竹签刺入关节附近的肌肉并拔出，可闻到特有的清香；刀切断面，肉色红润，脂肪洁白，骨髓桃红；黄亮皮面上，有用特制中药印制的"浙江省食品公司制"等字样，且字样经水洗、擦拭不褪色；有红色（一级、特级品）或黄色（二级、三级品）的"金华火腿"识别脚环。

宗泽

必享典故

据考证，金华腌制火腿始于唐。陈藏器在开元年间所撰写出的《本草拾遗》中记载："火腿，产金华者佳。"金华从事火腿行业的店家会在自家堂前挂上北宋抗金名将宗泽的画像。

宗泽是金华人，当年他战胜而还，把乡亲们赠送的腌制猪腿带回开封进献皇上。皇帝看到剖开的腿肉绯红似火，味道绝佳，随即将其命名为"金华火腿"。

必购正宗地

位于杭州河坊街与中山中路交叉口的万隆火腿庄（0751-87028769），是一家始创于清同治三年（1864年）的老店，百余年来主要产金华火腿、酱鸭、香肠等，是杭州人最信任的火腿经营店。

必知价格

价钱不贵，一般65~80元/500克。

浙江特产

龙泉青瓷

 龙泉青瓷传统烧制技艺于2009年9月30日正式入选联合国教科文组织的《世界非物质文化遗产保护名录》。

现代的龙泉青瓷忠实地继承了中国传统的艺术风格，在继承和仿古的基础上，更有新的突破，有紫铜色釉、高温黑色釉、虎斑色釉、赭色釉、茶叶末色釉、乌金釉和天青釉等。

 龙泉青瓷产品有两种：一种是白胎和朱砂胎青瓷，称"弟窑"或"龙泉窑"，另一种是釉面开片的黑胎青瓷，称"哥窑"。"弟窑"青瓷釉层丰润，釉色青碧，光泽柔和，晶莹滋润，胜似翡翠。"哥窑"青瓷以瑰丽、古朴的纹片为装饰手段，如冰裂纹、蟹爪纹、牛毛纹等。

龙泉青瓷盘

必享典故

16世纪晚期，一位住在巴黎的阿拉伯商人从中国购了一批龙泉青瓷，并将其作为结婚贺礼送给市长的女儿。当市长替女儿接过礼物时，看到这精美的中国瓷器，翠绿欲滴，玲珑剔透，便询问商人这种瓷器的名字。此时，舞台上传来优美的歌声，正在上演雪拉同与他的情人牧羊女边歌边舞。当雪拉同身上那件碧青华丽的衣裳飘忽在市长眼前时，市长心中豁然一亮，大声嚷道："雪拉同，中国的雪拉同！"由此以后，龙泉青瓷——"雪拉同"的名字蜚声欧洲。

 龙泉市剑川大道上的龙泉青瓷博物馆。

 龙泉青瓷的价钱一般都不低于百元。

龙泉剑

龙泉剑位居我国古代十大名剑之五，寓为诚信高洁之剑。其原名"七星龙渊剑"，相传是由铸剑师祖欧冶子与干将共同打铸造。到唐朝时，因避高祖李渊讳，便把"渊"字改成"泉"字，就是现在我们所熟悉的龙泉剑了。

真正的龙泉剑在历史的洪流中已经不知流落何方。现在的龙泉剑是根据历史传说与记载而打造出的。它精选纯钢为剑身，经过炼、锻、铲、锉、刻花、嵌铜、冷锻、淬火和磨等20多道工序才成。

可通过剑条识别：真正的龙泉剑为手工产品，其硬度、韧度、光亮等都有一定的比例，而且有一定的人工制作的痕迹，不可能有完全相同的两把剑。另外，也可通过装具与刀剑鞘做工的考究，以及各部位的比例协调鉴别。

伍子胥

必享典故

春秋时，伍子胥因奸臣迫害，逃至长江之滨，面对滔滔江水以及紧追不舍的追兵，焦急万分。这时一条小船由上游疾驰而来。船上渔丈将其载到岸边，又为其取来酒食。伍子胥十分感谢，但心中仍有顾虑，从腰间解下祖传三世的七星龙渊宝剑，欲将此赠予渔丈，并嘱托不要泄露自己的行踪。渔丈接过七星龙渊宝剑，仰天长叹道："搭救你只因为你是国家忠良，并不图报，而今，你仍然疑我贪利少信，我只好以此剑示高洁。"说完，横剑自刎。

龙泉市龙泉青瓷宝剑园陈阿金剑铺。

龙泉宝剑分为高、中、低三档，便宜的一二百元，贵的成千上万甚至几十万元。

青田石雕

青田石雕是指以青田石为材料雕制而成的传统工艺品。青田石主要产自被人们誉为"中国石雕之乡"的浙江省青田县。青田石在地质学上称为"叶蜡石",是一种耐高温的矿石。其色彩丰富,质地细腻,软硬适中,可雕性极强,素有"图书石"的美称,是历代文人篆刻家首选石材。

作为传统工艺品的青田石雕,风格写实而尚易,精妙大器,花纹绚丽,自成流派,素有"天下第一雕"之称。

青田石雕工艺品

必享典故

相传古时,青田山口村住着一位青年农民,靠卖柴度日。一天,他在山上砍柴时不小心将柴刀砍在石头上。石头被"啪"地劈落一块。他捡起一看,那石头晶莹透亮,彩色斑斓,美丽极了。他将那块石头带回家,雕琢成一颗石珠,挂在女儿的脖子上。乡亲们争相观看,后来都纷纷效仿,上山寻找那奇妙的石头,做成各式各样的装饰品。

青田石优劣相差甚远:以油脂状、无杂质的冻石为上品,细腻亮泽不冻无裂痕者为中品,石质粗糙、光水不足为下品。品评青田石雕作品,首先看造型,继而看石质、石色,再看题材内容及技巧。一件好的石雕作品,需立意新颖,造型美观,石色利用巧妙,石质上乘,技艺精湛等因素的融会综合。

丽水市水南新区江南大道的青田石雕阁(0578-6952336)、青田县的青田石雕博物馆等。

非古董的普通青田石雕摆件价钱不贵,根据大小不同价钱从几元到几千元都有。

黄山毛峰

必购特产

黄山毛峰是中国十大名茶之一。其产于安徽省歙县的黄山。此地气候湿润，土壤松软，山高谷深，河流多且湿度大，峭岩陡坡可以蔽日，十分有利于茶树的生长，致使茶叶叶肥汁多，经久耐泡。黄山毛峰曾荣获不少荣誉，1983年获外经贸部"荣誉证书"。1986年被外交部定为招待外宾的茶和礼品茶。

必知鉴赏技巧

黄山毛峰共分为特级和一、二、三级。特级的一芽一叶初展，色似象牙、鱼叶金黄是特级黄峰毛尖与其他级别毛峰不同的两大明显特征；一级的是一芽一叶开展和一芽二叶初展；二级的是一芽二叶开展和一芽三叶初展；三级的是一芽一叶开展或二叶、三叶开展。

黄山茶市

必享典故

明朝时期，江南黟县的新任县官熊开元带书童到黄山游玩，迷路后遇到了一位老和尚，便借宿于寺庙中。老和尚为客人泡茶时，茶水散出的雾气竟变成了一朵白莲花。客人十分惊奇，询问后才知此茶名叫黄山毛峰。客人临走时老和尚送了一包此茶，并叮嘱一定要用黄山泉水冲泡才可出现白莲奇景。后来皇帝知道了此事，便让熊开元进宫为其表演。看到白莲奇观的皇帝十分开心，便给熊知县升官。但是熊知县却来到黄山云谷寺出家，法名正志。

必购正宗地

安徽最大的茶叶卖场——安徽茶之都（合肥市含山路28、29号，0551-2656955）；合肥最大的茶叶市场"瑶海安徽茶叶一条街"（瑶海区站前广场，0551-4654869）。

必知价格

根据产品不同的级别，其价格也不一样，明前极品1000~30 000元/500克；明前特一级2000~5000元/500克；明前特二级1000~2000元/500克；雨前特三级500~1000元/500克；雨前一级200~500元/500克。

祁门红茶

祁门红茶产自安徽省祁门县。这里的土壤、气候雨水等自然条件均为茶树的生长创造了良好的环境。此茶是中国历史名茶,是红茶中的极品。国际市场把它与斯里兰卡乌伐的季节茶、印度大吉岭茶,并列为世界公认的三大高香茶。其还被称为"红茶皇后"、"群芳最",是英国女王和王室最喜爱的饮品。其不仅味道诱人,具有丰富的营养价值,还具有养胃、解毒、消炎杀菌、提神消疲等多种保健功效。1915年曾获得巴拿马万国博览会金质奖章等。

祁门红茶茶具

必享典故

祁门红茶的创制可追溯到唐朝。茶圣陆羽在《茶经》中记载:"湖州上,常州次,歙州下。"1875年前后,胡元龙借鉴了其他地区的红茶制法,在自己的家乡祁门加工制作出了红茶。后来从北平的同盛祥茶庄引入到了北平,最终得到了大众的认可,并在市场上获得了成功。

从外形上看,质量好的茶叶条索紧细、均匀,质量次的则条索粗松,匀齐度差。从叶底上看,叶底明亮的质量好,叶底花青的其次,品质最差的是叶底深暗且多乌条的。从色泽上看,质量好的茶叶色泽乌润、富有光泽,质量次的则色泽不一致或其中掺有死灰枯暗的茶叶。从汤色上看,汤色红艳且茶汤边缘形成了金黄圈的质量为最优,质量次一点的是汤色欠明,质量最劣的汤色深浊。从香气上判断,质量好的茶叶香气馥郁宜人,质量次的则带有青草气味。

合肥天福茗茶(合肥蜀山区长江西路199号,0551-5168999);其还有多家分店。

其价格根据不同的等级存在一定的差异,从几元到几百甚至几千元一斤的都有。

宣纸

必购特产

宣纸是因为产于宣州府（今安徽宣城）而得名，已有一千多年的历史，现在主要产于安徽泾县。它被称为"千年寿纸"，被书画家视为"瑰宝"。其主要原料是青檀树，即当地的主要树种之一。由于当地还种植水稻，因此稻草也成为制造宣纸的原料。按照加工方法可将其分为生宣、熟宣、半熟宣三大类。其中写意山水多用生宣，绘工笔画多用熟宣。2006年5月，安徽宣纸制作技艺被列入第一批国家级非物质文化遗产名录。

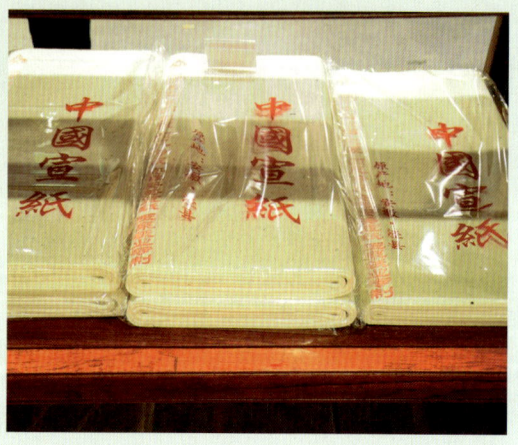

必知鉴赏技巧

第一是肉眼分辨法，拿起纸对着光亮透视，如果是宣纸的话，上面会布满云朵样的丝状物，即檀皮纤维，还会看见稻草的筋丝，而其他纸则不具备这些特点。第二是着墨法，将四种墨痕描在纸张的同一处，观察纸的受墨效果。宣纸可以清晰显示笔痕与层次，其他纸张则达不到这样的效果。

宣纸展览

必享典故

宣纸最早记载于《历代名画记》《新唐书》等。关于其由来还有一个民间传说。相传东汉安帝建光元年蔡伦死后，其弟子孔丹很想造出一种洁白的纸，来为老师画像以表达自己的缅怀之情。有一次他在峡谷溪旁发现了一棵横卧在溪上的青檀树，由于经过长年累月的冲洗，树皮已经腐烂变白，露出很多细长而洁白的纤维。孔丹看后十分开心，便使用它来造纸，经过反复的尝试，终于成功，这就是后来的宣纸。

必购正宗地

安徽省泾县红星宣纸专卖店（宣城市泾县城东小区）；安徽林森堂宣纸专卖店（泾县皖南第一街，0563-5252552）。

必知价格

宣纸的价格根据等级不同也不一样，一般的100元左右/刀，共100张。

宣笔

宣笔又名"徽笔",是安徽省泾县文房四宝之一。根据选料不同,可将其大致分为紫毫、羊毫、獾毫、狼毫等几大类。由于近年来制造工艺的飞速发展与进步,其品种已经多达三百种。其不仅畅销于国内各个省市,还远销日本及欧、美等国家。

红星宣笔

一要轻松晃动笔头,看是否松动;二要轻弹笔杆,看其是否掉毛;三是将笔拿到鼻子旁闻一闻,看其是否有霉味;四是看笔头和笔杆是否黏合牢固;五是看笔身,长短适度,圆正光滑,笔杆上的篆刻清晰的为好。此外,凡是满足尖、圆、齐、健这四个特点的毛笔就是上品。

安徽宣州宣笔厂(张苏笔庄,宣城市宣州区溪口镇街道,0563-3828001)。

根据不同的制作材料以及材料质量的好坏,宣笔价格从几元、几十元到上百元一只的都有。像一支安徽的羊毫毛笔约20元,狼毫毛笔约60元。

相传秦朝的将军蒙恬南下时路过中山(今安徽泾县),发现这里兔肥毫长,便用竹当笔管,在原始的竹笔基础上制成了改良毛笔。唐宋时宣笔达到了鼎盛时期,许多文人大家都将宣城紫毫看为上品。

徽墨

 必购特产

徽墨因产于徽州府而得名，是闻名中外的"文房四宝"之一。其创始人是奚超、奚廷父子。都说"天下墨业在绩溪"。那里的墨厂不仅生产书画用墨，还丰富、发展了前人的制墨工艺，生产出了潇湘八景、八宝奇珍、金龟、十八罗汉等优秀的传统产品。另外，歙县墨店的地球墨还在1915年的巴拿马万国博览会上荣获了金质奖章。

 **必知鉴赏技巧**

第一，要选择正宗的徽墨厂地，在整个行业中，只有屯溪的徽墨、绩溪的徽墨、绩溪上庄的老胡开文徽墨这三家有几十年的历史，因此品质最有保障。第二，正宗的成品徽墨色泽黑润、入纸不晕、经久不退、馨香浓郁，而假冒的则墨中带沙、出墨非常慢。

歙县徽墨制作

必享典故

1978年祁门县的唐墓中出土了"文府"墨，因其表面上刻有"文府"二字而得名。此墨在地下埋藏了千余年都无衰败，因此可见其质地之佳。残墨长8.3厘米、宽2.7厘米、厚1厘米，现被珍藏在了安徽省黄山市的博物馆内。宋代时制墨业十分繁荣。元代时期，徽墨业处于低谷时期。明代徽墨业得到了恢复和发展，生产的产品不仅供应国内，还远销日本及东南亚等地。

 **必购正宗地**

屯溪胡开文，商标胡开文（黄山市屯溪区老虎山5号）；绩溪胡开文，商标苍佩室，地址是安徽省绩溪县扬之南路12-1号；歙县徽歙老胡开文，商标李延珪，地址是安徽省歙县城东路19号。

 **必知价格**

其价格根据质量的不同也不一样，从几元到几十元的都有。此外这种产品也可以散装购买，一般油烟18元一两，细油烟45元一两，高级精细油烟80元一两，桐油漆烟300元一两。

古井贡酒

古井贡酒产自安徽省亳州市，是一种香型白酒。其历史悠久，被称为"酒中牡丹"，也是中国八大名酒之一。古井贡酒曾先后四次蝉联全国评酒会金奖，荣获中国名酒称号。

第一是通过外包装与瓶贴鉴别，真酒的瓶贴为全张注册商标，使用的注册商标是"古井贡"。假酒瓶贴的图案和真的相似，但是没有注册，使用的企业名称也不尽相同。酒箱内的出厂日期与批量可能不一致。第二可以通过封口鉴别，真酒的封口用的是黄色铅质断裂盖，圆整而光滑，且上面印着古井图案和"注册商标"字样。假酒瓶盖一般都断裂，封口也不完整。第三可以通过酒质来鉴别，真酒清澈透明，杯满不溢，馨香浓郁，甘甜净爽，但是假酒的酒体混浊，里面可能会有杂质漂浮。

古井贡酒文化博物馆

必享典故 相传南北朝时，人们在亳州的减店集发现了一口古井，井里的水清澈甜美，用此水泡茶、酿酒，味道与众不同。后来一位将军作战失利后将所用兵器投入了井中。此后这井水变得更加清纯透明，爽口甜美，用其所酿的酒香气四溢，自此古井名声大噪，被人们称为"天下名井"。

正侗达酒行（合肥市包河区近太湖路与铜陵路交叉口）；亳州市五粮液贡酒有限公司（安徽省亳州市古井镇）。

其价格根据不同的年份从几十元一瓶到几百元一瓶的都有。一般古井贡酒5年原浆价格在150元左右，8年的在300元左右。

太平猴魁

 太平猴魁产于安徽省黄山市的黄山区新明一代，这里低温湿润，土壤肥沃，云雾缭绕，故而茶的品质别具一格。其中以猴坑高山茶园所采制的尖茶品质最优。其不仅味道醇厚甘甜，还具有利尿、抗菌、减肥、抑制癌细胞等功效。它曾获得多种荣誉与奖项，如1955年被评为全国十大名茶之一，2002年荣获中国国际茶业博览会金奖，并以500克7万元价格拍卖成功等。

太平猴魁极品

必享典故

相传清末江南春，南京太平，北平同盛祥等茶庄都在太平产区设茶号收购茶叶加工尖茶，并且运销南京、北平等地。其中江南茶庄与同盛祥茶庄从尖茶中挑拣出幼嫩芽叶作为优质尖茶供应市场，均获得了巨大的成功。猴坑的茶农王老二（王魁成）在凤凰尖茶园挑选出幼嫩肥壮的芽叶，精心地制作成了王老二魁尖。由于猴坑的魁尖与众不同，质量超群，因此将其叫为"猴魁"。

 第一，从外形上来看，太平猴魁个头比较大，两叶一芽，这是其独一无二的特征。冲泡后，芽叶成朵肥壮，如含苞待放的白兰花，这是极品的显著特征；第二，从颜色上来看，此茶叶仓绿匀润，在阴暗处观察绿得发乌，在阳光下看则是绿得好看，没有一点微黄的现象。第三，从香气上来判断，此茶的香气清爽持久。

 合肥最大的茶叶市场"瑶海安徽茶叶一条街"（瑶海区站前广场，0551-4654869）；安徽最大的茶叶卖场——安徽茶之都（含山路28、29号，0551-2656955）。

 因为档次不同，故其价格差异也很大，第一道出厂价要2万元左右/500克，比较普通一点的则需2000元左右/500克。

福建特产

福建是我国古代海上丝绸之路的起点,物产丰富,寿山石、福州纸伞、安溪铁观音、脱胎漆器、德化白瓷、福州软木画、厦门漆线雕、漳州木偶头、金骏眉等享誉海内外。

寿山石

必购特产

寿山石主要分布在抚州市北郊晋安区与连江县、罗源县交界处的"金三角"地带，其原料主要以迪开石、叶蜡石、伊利石为主，品种多达数十种。寿山石的石质、石色、石形、石纹丰富多样，是绝佳的雕刻彩石，我国的四大雕刻石之一。

寿山石在民间有"贵石而贱玉"之说。其石质细腻莹润，是玉石中的"石帝"、"石后"，由雕刻家精心雕琢而成。

必知鉴赏技巧

上等的寿山石内部纹理、裂格清晰，摸在手上感到莹润滑腻，掂在手上有垂坠感。上手雕刻，寿山石吃刀流畅。另外有些卖家为提高收藏价值，会对新品进行做旧处理。这样的石头色彩过于鲜艳，消费者在购买时应多加注意。

必享典故

寿山石在南宋时就得到了开采。经元、明、清三代发展，寿山石雕已经成为一个成熟的行业，在我国的玉石文化中占据着重要的地位，具有"上伴帝王将相，中及文人雅士，下亲庶民百姓"的艺术魅力。相传康熙帝的宝玺就是以寿山石中的田黄石料为原料制成的，故有"一两田黄三两金"之说。

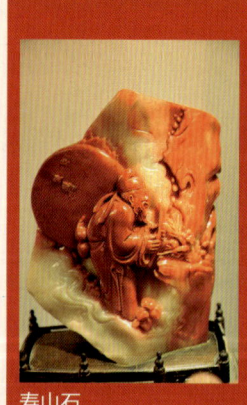

寿山石

必购正宗地

在福州市的晋安区有寿山石文化街，整条街都是寿山石店铺。另外，六一北路289号的金石堂寿山石会所、樟林石雕城，也是寿山石及寿山石雕的主要集散地。

必知价格

根据雕刻成品及原料、工艺的不同，寿山石的价钱也不一样，例如一枚1×1×5厘米的印章售价一般为15元左右，而雕刻精细的大摆件则可卖到上万元。

福州纸伞

纸伞是福州三宝之一,其制作历史悠久,做工精细。它是在棉纸上通过油画、彩画喷花和绢印等,绘制出花鸟、山水、人物等图案,美丽大方,一直深受人们喜爱,畅销海内外。

福州纸伞以生长五年以上的青山老竹为伞骨,以福建特产的棉纸做伞面,再涂上当地厚重的桐油而制成。一把纸伞的制作往往需经过80多道工序方能完成,因此十分耐用。

纸伞是一种在棉纸伞面上涂上原生熟桐油的雨伞。因此购买纸伞应从伞架、伞面以及绘图方面上挑选。伞架应是老竹制作,叩之有声,拿在手上较轻;伞面一定要上过桐油,否则极易损坏。桐油的味道不同于油漆的刺鼻味,而有木香。

福州南后街纸伞店

必享典故

福州有一俗词叫"包袱伞",意思是出门人所带包袱中都有伞。伞是福州人生活中常备的一种日用品。福州的纸伞工艺技术,是五代时期王审知率兵南下入闽建立闽国的时候由中原和江浙一带带来的。到了清朝,福州的制伞业进入了繁荣期。到清末民国初,全市雨伞店号最多时达300多家,其中以中亭街上的"杨常利"伞店最为著名。

在古街、上杭路上的福州纸伞厂门市部、元洪城、鳌峰路上的花鸟市场、南后街、特艺城等地均有出售。

从20多元到百元的产品都有。

安溪铁观音

安溪铁观音，也叫红心观音、红样观音，是我国十大名茶之一。铁观音是乌龙茶的一种，为半发酵茶类，介于红茶和绿茶之间。作为一种名贵茶树，铁观音天性娇弱，抗逆性较差，产量比较低。铁观音的萌芽期为春分前后，霜降前后停止生长，一年只有7个月的生长期。故有"好喝不好栽"之说。

铁观音茶除了拥有一般茶类的保健功能以外，还有抗衰老、软化血管、减肥健美、防治龋齿等功效。

鉴别真假铁观音秋茶第一招：取少许干茶掷入盖碗，发出清脆之声即为秋茶；如若声音沉闷，应为暑茶。原因是正宗秋茶铁观音外形紧结，且有厚、实、重外形特征，掷杯自然声大，而暑茶外形松弛、轻飘，其掷杯声当然相对沉闷。

安溪铁观音展厅

必享典故

关于乌龙茶的来历，据与一位在当地隐退、名唤"乌龙"的将军有关。相传他在上山采茶追猎中无意发明了摇青工艺及发酵工艺，做出的茶香气更足，味更甘醇。他又将这种制茶的方法传授给乡民，后来人们便将用这种工艺制出的茶称为乌龙茶。乾隆六年（1741年），在京为官的安溪人王士让奉召赴京师拜谒礼部侍郎方苞，携茶相赠。方苞品后，认为此乃茶中珍品，于是将其上贡乾隆。乾隆品后觉得滋味甘润，又看此茶形似观音脸重如铁，便赐名为"铁观音"。

位于安溪县永安路旁的仙缘之香茗茶的铁观音茶(0595-36112766)、安溪中国茶都三期N130、131号的铁观韵玉茶坊(0595-23076791)等。

200元/500克。

福州脱胎漆器

脱胎漆器,是福州独特民族风格和地方特色的艺术珍品。它与北京景泰蓝、景德镇瓷器并称为中国传统工艺"三宝",享誉国内外。清宣统二年(1910年)以来,屡获大奖,曾被誉为"珍贵黑宝石"和"东方珍品"。

其制作方法有两种:一是以泥土、石膏等塑成胚胎,大漆为黏剂,然后用夏布(亚麻)或绸布在胚胎上逐层裱褙,等到干后再脱去原胎,留下漆布雏形,然后经过上灰底、打磨、髹漆研磨,最后施以各种装饰纹样方能成形;二是以木料等硬材为胎,不经过脱胎直接髹漆而成。

福州脱胎漆器

福州脱胎漆器是继承我国古代优秀漆文化发展起来的。它品类之多在全国漆器行业首屈一指,大的如陈列在北京人民大会堂的漆画大屏风、彩绘大花瓶、脱胎仿古铜大狮等,小的如烟具、茶具、餐碗、盘、碟、罐等,共有18类1200多个花色品种。早期的脱胎漆器作品多为佛像和神话传说中的人物,其形象饱满、神秘但却稍显单一。后来的作品中逐渐转向自然型、仿生型等方面,作品种类更加丰富多彩,具有极高的艺术价值。

真正脱胎漆器的漆色是用矿石为原料,因而颜色有厚重、温暖之感;脱胎漆器的材质多样,但都十分轻盈,即使很大的物件也能轻松拿起;纯手工制作的天然大漆制品,不管敲击器物的哪个位置,发出的声响大小、感觉都是一样的。

福州市远洋路行健斋脱胎漆器、鼓楼区南后街倪氏脱胎漆器。

从几十元的摆件到上万元的古董均有。

德化白瓷

福建德化是颇负盛名的地方瓷窑,它所产的白瓷釉色白如凝脂,故有"象牙白"、"猪油白"、"鹅绒白"等美称,早在明清时期就蜚声海内外,在国际上有"东方艺术"的声誉。

德化白瓷的胎骨细柔坚致,俗称"糯米胎";釉面洁净匀厚,与胎骨的莹润浑然一体。瓷器温润如玉,剔透光滑,在光线的照耀下可映见五指,叩之声音清悦悠扬,犹如敲击金属,铿然作响,胎釉质感直逼玉器"五德"。

德化白瓷瓷胎紧密,透光性好。从釉面上看,德化白瓷为纯白釉,白色光润明亮,乳白如凝脂。德化白瓷的透光性能极佳,其釉面光亮。

忽必烈会见马可·波罗图屏

必享典故

德化白瓷在国际上拥有极高的声誉,法国人甚至用"中国白(blanc de chine)"来表达他们对于德化白瓷的赞誉,认为这是"中国瓷器之上品"。著名意大利旅行家马可·波罗在他著名的《马可·波罗游记》中专门介绍了德化瓷器,引起了西方人的强烈兴趣,使得德化瓷器在海外销售开辟了良好的市场。到了明代,工艺大师们研制出一种温润乳白、如脂如玉的白瓷,独树一帜。至此,德化窑达到了全盛巅峰时期。

德化县唐寨山森林公园内的德化陶瓷博物馆、泉州市鲤城区的德化陶瓷批发部、泉州市龙鹏街105号德化陶瓷展销城等。

根据收藏年代及质地,从几百元到几十万元不等。

111 福建特产

福州软木画

必购特产

软木画，又称软木雕、木画，主要产于福建福州。它是一种雕、画结合的手工艺品，主要运用浮雕、圆雕、透雕等雕刻手法精心雕出花草树木、亭台楼阁、栈桥船舫和人物，再用通草做成白鹤、孔雀、麋鹿等鸟兽，根据画面设计，粘在衬纸上，做成立体、半立体的木画，再用玻璃框进行装裱。其内容大多反映山光水色、名胜古迹和花草虫鱼，有200多个规格、400多个花色品种，工精艺巧，且轻便、不变形、不脱胶、抗腐蚀等。

必享典故

福州软木画诞生于1914年，由福州民间艺人吴启棋首创，已有百年历史。据说当时的福建巡按使许世英从国外带回了一片圣诞风景贺卡，并把它交给当时的福州工艺传习所的总传习师陈春润、木雕技师吴启棋、郑立溪等民间艺人共同研究。吴启棋受此启发而将中国传统雕刻工艺融入其中，从而开创出软木画这一新的工艺品种。

南后街软木画之乡

必知鉴赏技巧

软木画最大的价值在于它的艺术性。因此一幅上好的软木画，其雕功必定圆润成熟，构图和谐自然。软木画所用的原料为栓皮栎树皮，其质地松软柔韧、富有弹性、色泽黄润。

必购正宗地

位于福州市鼓楼区南后街61号的软木画之乡、晋安区新店西园110号的吴芝生软木画创作中心等。

必知价格

一般一幅37×23（厘米）大小的村手工雕刻软木画价钱为300元左右。

醉美特产

厦门漆线雕

必购特产

漆线雕是闽南地区的一种传统工艺，在厦门有300多年的传承历史。它源自唐代的彩塑工艺，主要应用于佛像装饰，所以也叫"装佛"。

漆线雕用陈年砖粉和大漆、熟桐油等原料调和，经反复舂打成为柔软而又富于韧性的泥团，俗称"漆线土"，再由手工搓成"漆线"，然后在涂有底漆的坯体上用"漆线"盘、结、绕、堆，塑造浮凸的图形。其造型华丽大气，雍容华贵。

必知鉴赏技巧

漆线雕注重线条的审美。它以线条盘结，却又以浮雕形式展现，对于细节的表现十分严谨，精细之处令人叹为观止。漆线雕丰富多变的形态是创作者随心所欲表达的最高境界，是中华工艺美术线条美的展现。

漆线雕岳飞像

必享典故

厦门漆线雕形成于明末清初。其诞生与厦门一带的经济和民间宗教的兴盛及神佛雕塑行业的繁荣有紧密关系。漆线雕是过去佛像雕塑艺术的遗脉，是受宋元线雕工艺，特别是沥粉和泥线雕的启发而产生的。当时的闽南工匠们开始把漆线雕工艺用在寺庙、神佛雕像的装饰上。但因为技法尚不成熟，作品普遍存在缺陷。后来，工匠们用红砖瓦粉和漆液揉合成漆泥，再把漆泥附着在木胎上进行雕制，使其保质几年，甚至十几年，从而诞生了漆线雕。

必购正宗地

在厦门有多家漆线雕店，如思明区滨湖路的鹭艺轩（0592-8028888）、湖里区的宗桦漆线雕（0592-5217650）、海沧区的华艺唐漆线雕（0592-6825658）等。此外像蔡氏、纪梵希等也是厦门漆线雕中的著名品牌。

必知价格

根据漆线雕工艺、大小、材质的不同，价钱从几百至几万元的均有。

113 福建特产

漳州木偶头

 漳州木偶头是漳州著名的手工艺品。它以樟木为原料,经艺人精雕细琢而成。最初的木偶头主要用于布袋木偶戏表演,后来随着旅游业的发展,如今已经成为闽南民间艺术工笔画精品。

漳州木偶雕刻注重五形、五骨。其形形色色的五官根据角色的外形、性格、身份、经历和气质来构思,使木头人自然活了起来,如嘴尖刻薄的媒婆、翘髻角目的老丑等。

漳州木偶戏表演

 鉴别漳州木偶,应从刀工、原料樟木、涂料配制等方面入手。好的木偶头,造型夸张,表情丰富自然,色彩稳重而不艳丽,还散有独特的樟木香味。

必享典故

布袋戏也叫"景戏"、"指花戏"、"掌中戏",诞生于唐宋时期,是我国傀儡戏之一。布袋戏的最主要道具就是木偶。漳州的木偶整体造型包括头、四肢、服装、冠盔等,其中最重要的便是木偶头。它通过夸张传神的人物形象特点,雕刻出各具特色的生、旦、净、末、丑百种角色,结合当地戏曲风格,承载着当地最传统的文化精髓。

 漳州市城区延安北路花园大厦二楼"竹初木偶艺术馆"。

 根据做工精细程度不同,一个木偶的价钱从几十到上千元不等。

景德镇陶瓷

必购特产 江西的景德镇是闻名全世界的"瓷都",其生产的瓷器精美绝伦,是我国瓷器的代表与象征。英语里大写的"CHINA"指的是中国,而小写就是"瓷器"的意思。据说这是由于"CHINA"的英文发音源自景德镇的旧名"昌南",足以说明景德镇瓷器在世界上的影响和地位。

景德镇的陶瓷种类繁多,品种齐全。青花、玲珑、粉彩、颜色釉合称景德镇四大传统名瓷。此外薄胎瓷堪称稀世珍品。

必知鉴赏技巧 一看颜色,景瓷瓷质白里泛青;二听声音,景瓷"声如磬",轻轻一敲就会发出清脆、悦耳的声音;三比硬度,景瓷都是高硬度瓷,用金属工具在陶瓷上一划,毫无痕迹;四测导热,景瓷是高密度瓷,与其他瓷器相比更加厚重,导热速度较慢。

宋真宗

必享典故 景德镇的陶瓷"始于汉世",距今已有2000多年的历史,早在唐朝的时候,因其烧造出的白瓷洁白如玉,即有"假玉器"之称。到了宋代时,宋真宗更是将自己的年号"景德"赐给生产这种美丽瓷器的地方,令景瓷更是名满天下。后来随着时间的推移,景德镇逐渐成为"天下窑器所聚"的制瓷中心。

必购正宗地 景德镇的瓷器生产很发达,在景德镇市有许多家生产陶瓷的企业与作坊,也有许多制陶名家。

必知价格 由制陶的坯土、工艺手法等多方面决定了景德镇陶瓷的价格。工厂生产的一只小碗仅需3元,而名家手工制作的则可卖到上万元。

117 江西特产

四特酒

必购特产

四特酒是江西的著名特产,以清香醇厚、回味无穷的特点在中国白酒中占据着独特的地位。1959年,周恩来总理在庐山品尝过四特酒后,称赞它"清香醇纯,回味无穷";1972年,邓小平同志在樟树考察的时候,赞扬它"酒中佳品,味道独特"。2001年,江泽民主席在品尝过四特酒后赞道"名不虚传,上等好酒"。

必知鉴赏技巧

透过玻璃瓶从外观上看,白酒应是绝对清澈透明的,而且没有沉淀。越清澈透明越好。可将四特酒酒瓶拿在手中,慢慢倒置过来,观察瓶底部,看看有没有下沉物质或云雾状现象。按照常规,如若酒花呈均匀分布,上翻密度间隙很明显,而且酒花慢慢消失,酒液清亮透明,则是优质酒。

四特东方韵

必享典故

清代光绪年间,樟树满洲街一家名叫"娄源隆"的酒店,在继承本地传统小曲酿造蒸馏白酒工艺的基础上,取众家之长,经多年实践,酿造出了酒色清亮、香醇可口的优质白酒,大受欢迎。为了防止假冒,娄源酒店在装酒的酒缸和酒坛上贴上四个"特"字,作为标志,以便与其他酒店的酒相区别,表示特别优质,"四特"名称由此产生。因又具有"亮似钻石透如晶,芬芳扑鼻逑逗人,柔和醇甘无杂味,滋身清神类灵芝"四大特色,因此得名"四特酒"。

必购正宗地

宜春市樟树市杏佛路上有四特酒责任有限责任公司开设的旗舰店。另外全国各大城市都开有其专卖店,消费者可以前往购买。

必知价格

根据酿制年限和酒精度数的不同,每瓶四特酒的价钱从60多元到2200多元不等。

醉美特产

遂川狗牯脑茶叶

必购特产

狗牯脑茶叶是江西八大名茶之一，它产于罗霄山脉南麓支脉。狗牯脑品质优良，含有人体所需的多种氨基酸、微量元素等。其茶安酚具有提神解乏、消食去腻、益肝利肾等功效。1915年，荣获巴拿马万国博览会金奖，享誉海内外。

必知鉴赏技巧

狗牯脑叶片细嫩均匀，碧色中微露黛绿，表面覆盖一层柔细软嫩的白毫，茶叶五至七片，茶水清澄而略呈金黄，茶味清凉、芳醇、香甜，沁人肺腑。

苏东坡

必享典故

遂川茶叶常出现在古人的笔下，被名人所盛赞。北宋大文豪苏东坡曾驻足遂川，他在《宿资福院》诗中写道："衣染炉烟金漏回，茶烹石鼎玉蟾留。"苏东坡嗜茶，咏茶诗作不少，遂川佳境慰抚了这位大文豪宦海沉浮的心灵，洗去了他南贬旅途的疲惫。

必购正宗地

位于遂川县城工农兵大道上138号的狗牯脑茶专卖总店（0796-6356268）。

必知价格

一般为150~500元/500克。

江西特产

庐山云雾茶

必购特产 庐山云雾茶,是我国十大名茶之一,归属于绿茶。宋代的时候被列为"贡茶"。庐山云雾茶树叶生长期长,所含有益成分高,茶生物碱、维生素C的含量都高于一般茶叶。

庐山云雾茶由于长年饱受庐山流泉飞瀑的浸润、行云走雾的熏陶,从而形成"味醇、色秀、香馨、汤清"的独特品质。

必知鉴赏技巧 庐山云雾是烘青绿茶,干茶色泽翠绿,条索粗壮,香气具有浓烈的豆花香,口感醇厚味甘。茶汤清澈明亮,冲泡后多放几天也不会发黄混浊。茶汤混浊即为假品。从外包装看没有原产地证明标志,无庐山云雾茶证明商标即为假品。

庐山云雾

必享典故 据《庐山志》记载,东汉佛教传入我国后,佛教徒便结舍于庐山。当时梵宫僧院多达三百多座,僧侣云集。他们攀崖登峰,种茶采茗。及至东晋,庐山成为佛教圣地。高僧慧远率领徒众在山上居住30多年。其间他们把山上的野茶改进为家生茶,就是如今的庐山云雾茶。

必购正宗地 以九江市浔阳路146号的庐山云雾茶最为正宗。另外,庐山风景区范围内也有庐山露语茶业、大寺脑茶业、牯岭茶业等几家正规厂。

必知价格 庐山云雾茶分为三个等级:山上云雾、五老峰云雾、山下云雾。等级不同,价钱也不同。最高等的山上云雾每500克1000元左右,而山下云雾的价钱一般每500克为200元左右。

木鱼石茶具

必购特产　木鱼石是一种很罕见的空心石头,是一种矿物类中药,俗称"还魂石"。其具有提高免疫力、抗衰老、抗肿瘤等功效。用这种材料制作的茶具主要包括木鱼石杯、木鱼茶壶、木鱼酒壶等,一直深受大众欢迎。它曾获得多种奖项,如1993年荣获全国中老年人保健产品精品奖。

必知鉴赏技巧　第一观察它的颜色,好的木鱼石颜色干净、鲜艳,呈现明亮的紫檀色且色泽较深。不好的木鱼石颜色发乌,光洁度较差。第二可通过敲击来判断。用茶具的壶盖轻轻敲击茶身,如果声音清脆、明亮,质量则为较好。如果声音有"噗噗"的感觉且发闷,或者是敲击的余声不止一个,那质量就有问题。第三观察它的做工,好的木鱼石做工精细,不好的做工粗糙。

木鱼石展览馆

必享典故　据史料记载,乾隆三次南巡时经过山东。地方官员得知乾隆帝喜爱收藏各种名贵茶具,便献上了一套木鱼石茶具。乾隆看到茶具外观圆滑,沏茶后香味飘香四溢,于是对其称赞不已,后来亲自为这套茶具提笔写下了"清幽"二字,并命人镌刻于壶身上。此后这套茶具被列为国家一级文物,现藏于北京故宫博物院。

必购正宗地　木鱼石济南专卖店(济南花园路101号海蔚大厦1802、1803)、济南长清万德(济南到泰安的104国道,收费站以南、路西等地)、山东鸣泉天然精品木鱼石专卖(济南市经四路269号东图大厦8层821室,0531-86910124)。

必知价格　其价格要看材料的质量好坏,地摊上的木鱼石杯几块钱一个,但是清幽专柜的一个杯子则要几千块钱。

羽毛画

必购特产 羽毛画是一种民间艺术。它采用了大自然中各种禽鸟的羽毛，经过剪、拼、叠、镶热压成形，然后再利用胶水手工粘贴而成。其内容丰富，包含人物、禽兽、山水、花卉、鱼虫等多种形象，生动活泼，不仅深受国内大众的喜爱，还远销美、日等众多国家。它不仅具有欣赏价值、实用价值，还具有一定的收藏价值，是赠送亲朋好友的上乘佳品。

必知鉴赏技巧 首先看羽毛画所用的材料。这种画利用了羽毛的天然色泽和柔软的质地。如果发现羽毛的质量差或是被染的色，那么这肯定是假的。其次看羽毛画的内容，正品应该生动活泼、形象逼真，给人一种质感美的感觉；次品则缺乏这种感觉。

羽毛画

必享典故 早在春秋战国的时候就出现了羽毛画，但只是用彩绘这种简单的表现形式；汉代的羽毛贴画绢，做工比较精细，有了一定的格调。长沙的西汉马王堆墓中就曾出土过羽毛装饰品。直到唐代的立女屏风，才使羽毛画成为一个工艺美术表现形式的独立品种。清代点翠松竹座屏的出现，使羽毛画达到了至善尽美的程度。

必购正宗地 济南中恒商城沁园工艺礼品商行（济南中恒商城4351号）；昌邑市奎聚街办聚鑫礼行（昌邑市下营港）。

必知价格 由于羽毛画的尺寸不一，其价格也不相同，小画200~300元，大画则要上千块。

崂山云峰茶

必购特产

崂山被称为"海上第一名山"，也有着"神仙宅窟"的美誉。此地有着独特的地理环境。其肥沃的土地、优质的水源，为茶树的生长创造了良好的条件。崂山云峰茶是一种绿茶。它不仅含有多种营养物质以及大量的维生素、氨基酸、蛋白质等有益于人体健康的成分，还具有软化血管、止渴解毒、清心明目的功效。其主要分为崂山贡、崂山青、崂山春三大系列，近二十个品种，1997年被评为"青岛市十大特色旅游产品"。

崂山茶园

必享知识

崂山茶树引种于1959年，是我国茶叶种植纬度最高的地区。崂山绿茶被誉为"江北第一名茶"，并获得了国家地理标志保护。

必知鉴赏技巧

首先从外观上鉴别，崂山云峰茶的叶片肥厚，冲泡后它的汤色嫩绿明亮；其次还可以从口味上鉴别，喝上一口，味道鲜爽浓醇，饮后唇齿留香，令人回味无穷。

必购正宗地

崂池云峰茶银川东路专卖店（银川东路25号）；崂池云峰茶（崂山区香港东路122号龙翔苑）；崂山绿茶专卖店（李沧区九水东路东李茶城东区西街13号）。

必知价格

其价格不一，从几百元到几千元的都有。

青岛啤酒

青岛啤酒是由青岛啤酒股份有限公司生产的，公司前身是英、德两国商人在1903年合资开办的国营青岛啤酒厂，这也是我国最早的啤酒生产企业。此酒选用优质大麦、大米、上等的啤酒花以及崂山矿泉水为原料精心酿制而成。其曾获得过无数荣誉，如1906年，在慕尼黑国际啤酒博览会上荣获金奖。青岛啤酒还远销日本、法国、德国、美国、加拿大、英国等70多个国家和地区，深受国内外消费者的喜爱。

第一可以从包装箱上来鉴别。青岛啤酒包装箱上的"青岛啤酒"用的是大红色，色泽均匀，比例适当，印刷清晰。假包装箱上的文字印刷质量则很粗糙，文字、颜色暗淡，不均匀。第二可以从它的商标来鉴别。青岛啤酒商标标志的文字、图形、纸质、套色、金边等明快、细腻、均匀、纯正、光洁。假冒的标志则外观质量粗糙，暗淡无光，也没有明快光滑之感。第三可以通过瓶盖来鉴别。青岛啤酒所使用的瓶盖视觉清晰、光滑、细腻，而假冒的则正好相反。

青岛啤酒博物馆

必享典故

来自英国和德国的商人在1903年联合投资40万马克，在青岛成立了日耳曼啤酒公司青岛股份有限公司，完全采用德国的原料以及先进技术进行生产。目前公司全资拥有青岛啤酒一厂、二厂、四厂、扬州啤酒厂、日照啤酒厂和青岛麦芽啤酒西安有限公司55%的股份以及深圳青岛啤酒朝日有限公司35%的股份。公司的收入、出口创汇等指标位居中国啤酒行业之首。

青岛啤酒专卖店（青岛市市北区，0532-83819068）；青岛啤酒股份有限公司（市南区东海西路35号，0532-85720051）；青岛啤酒佳木斯路17号专卖店（佳木斯路17号）；青岛啤酒城（城阳区）。

普通的，大约4元一瓶。

即墨老酒

即墨老酒属于黄酒中的珍品，是中国古典名酒之一。它以其独特的酿造工艺和内在的优秀品质，形成了独特的即墨老酒品牌文化，被称为"黄酒北宗"，是中国酒文化中的一枝奇葩。其选用大黄米、陈伏麦曲、崂山的矿泉水，按照古遗六法精心酿造而成。据检验，其含有多种营养成分，包括16种人体所需要的微量元素以及17种氨基酸，具有滋补身心、振奋精神、乌发美容、促进新陈代谢等多重功效。

首先可以从感官上鉴别，用力摇晃一下酒瓶，产生的泡沫丰富且保持时间较长的为优质老酒，泡沫少且消失得快的为劣质老酒。其次可以通过手感来鉴别，倒少许的老酒在手心上，如果有十分清冽的滑腻感，干了以后还非常黏手的则是优质老酒，相反则是劣质产品。最后还可以从商标来鉴别，凡是商标上印有"山东即墨黄酒厂监制"或"山东即墨黄酒厂分厂"字样的产品均是假冒伪劣产品。

必享典故

由于黄酒具有很高的药用价值，许多史书中对其都有记载。明代李时珍在《本草纲目》中记述了69种黄酒泡制药材治百病的秘方。相传春秋时期齐国国君齐景公朝拜崂山仙境，谓之"仙酒"。秦始皇去崂山寻长生不老药，谓之"寿酒"。唐朝时人们发现"醪酒"可以渗筋骨入骨髓，于是就把它称作"骷髅酒"。到了宋代，人们为了把价值高的"醪酒"同其他地区的黄酒区分，便将其改名为"即墨老酒"。此名一直沿用至今。

即墨天后庙

即墨老酒专卖店（龙口市东莱大街，同仁堂大药房北临）；一般大一点的超市也都有卖。

其价格根据档次不同也不一样，一般的在6~20元，再贵的就属于高档的了。

金奖白兰地

金奖白兰地是烟台张裕葡萄酒公司出产的传统著名产品,原名"张裕白兰地",1928年改名为现在的"金奖白兰地"。其曾荣获多种奖项,1914年在山东省物品展览会上获得金质奖;1952年在评酒会上被评为国家八大名酒之一;1984年在轻工业部酒类质量大赛中荣获金杯奖等。其间在国际商品大赛上,张弼士把随身携带的"可雅白兰地"等送去评比,获得优胜。"可雅白兰地"后来也改名为"金奖白兰地",沿用至今。

从外观上看,金奖白兰地酒液色泽金黄,晶莹透明,具有本酒独特优雅的芳香味;从口感上鉴别,饮用时会感觉微苦,但是口味十分醇厚、爽口,回味绵长,还会感到一种浓郁的橡木香味。

孙中山

1912年,孙中山先生在参观张裕葡萄酒公司后,高度赞扬了这家公司的"金奖白兰地"等名酒,并亲笔为其题词"品重醴泉"。1915年,"中国的实业考察团"去美国考察时参加了旧金山各界的盛会,在国际商品大赛中都取得了很好的成绩。

张裕白兰地专卖店(济宁市经济开发区吴泰闸路);山东烟台张裕葡萄酒有限公司各地代销处。

其价格根据档次的不同也不一样,普通的一般在13元左右一瓶,700毫升的3星级金奖白兰地一瓶在23元左右,4星级的45元左右,5星级的90元左右。

山东煎饼

必购特产 在煎饼的起源地山东,主要有泰安煎饼、临沂煎饼两种风格。泰安煎饼,不但有甜煎饼、酸煎饼和半发酵的半口煎饼之区分,还添加了当地特产的系列品牌。临沂煎饼的主要地域范围以山东临沂为主,南至苏鲁边界,北到泰安、潍坊南部一带,西至兖州、曲阜一线,东到大海,具有好吃、宜存放、宜携带、营养丰富的优点。

山东煎饼卷大葱

必知鉴赏技巧 山东煎饼,好的薄如蝉翼,厚度均匀,劣质的粗糙,难咬;比较大,可谓大若茶盘;好的火候适当,差的有烧焦的。

必享典故

煎饼食品有着悠久的历史,早在春秋战国时期,山东人民就开始食用煎饼。相传孟姜女哭长城时,所带食物即煎饼。清代蒲松龄在其《煎饼赋》中写道,"煎饼则合米豆为之,齐人以代面食","圆如银月,大如铜缸,薄如剡溪之纸,色如黄鹤之翎,此煎饼之定制也"。千百年来,人们在实践中不断改进工艺,增添品种,使其成为久盛不衰、享誉海内外的名优食品。

必购正宗地 在山东泰安及临沂的大街小巷,几乎都有煎饼出售。

必知价格 每500克数元至十几元不等。

潍坊风筝

潍坊又称鸢都，制作历史悠久，是中国的风筝之乡。其制作工艺精湛，用竹子扎制骨架，以高档丝绢蒙面，手工绘画。这种工艺与美术的结合，体现了风筝的独特风韵。在潍坊历史上，甚至有不少知名画家也参与风筝的绘制乃至设计制作，使潍坊风筝中出现了十分考究的精品。

潍坊风筝题材多样，具有浓郁的乡土风味和民间生活气息。其扎制博采众家之长，在风筝的造型结构和绘画色彩上，把制作木版年画的工艺移植到风筝上。潍坊风筝题材丰富、广博，选用材料奇特，设计夸张，采用年画技法，独树一格。

潍坊纪念碑

必享典故

潍坊是风筝的发祥地，早在20世纪30年代，就曾举办过风筝会。新中国成立以后，特别是改革开放以来，潍坊风筝又焕发了生机，多次应邀参加国内外风筝展览和放飞表演。1984年4月1日，在美国友人大卫·切克列的热心帮助和山东省旅游局的大力支持下，首届潍坊国际风筝会拉开帷幕。1988年4月1日，第五届潍坊国际风筝会召开主席团会议。会上与会代表一致通过，将潍坊市确定为"世界风筝都"。

潍坊风筝以十笏园、杨家埠的最为正宗。

从几元到几十元的都有。

河南特产

河南地处中原，沃野千里，民众勤劳，故农业发达，物产丰富，名优特产极多，且物美价廉。其名优手工艺品有开封汴绣、禹州钧瓷、木版年画、唐三彩、南阳玉器、淮阳泥泥狗、浚县泥咕咕等，不胜枚举。

河南特产

开封汴绣

汴绣是中国著名绣种之一，也称宋绣，源于北宋的"宫廷绣"，因为北宋的都城开封当时被称作"汴梁"或"汴京"，所以"宫廷绣"被称作"汴绣"。汴绣与苏绣、湘绣、粤绣、蜀绣合称为中国五大名绣。其针法有36种之多，品种有单面绣、双面绣、双面异色绣、双面三异绣等。

第一，绣线和绣布皆真蚕丝制；第二，图案的整体构思好；第三，立体感强，明暗的过渡自然和谐，有层次感；第四，排针细密，不见底图，劣质的绣品可见底图。汴绣是纯手工绣图，不会有两件一模一样的绣品。

汴绣花瓶

北宋时开封绣业繁荣，所出绣品多是供皇宫和官家使用。大相国寺东门外有绣巷，为绣工聚居和做买卖的地方。宋徽宗崇宁三年（1104年）三月，置文绣院，属少府监，掌编织刺绣，以供皇帝乘舆服御及宾客祭祀之用。宋绣代表了当时刺绣的最高技艺。

以开封汴绣厂（开封市穆家桥街88号，0378-5951780）的产品最优。另外，也可到郑州市金水路119号（中州宾馆东）的开封汴绣厂直销店（0371-65937940）购买。

根据大小和做工，一件绣品几十到数千元不等；大型古画绣品，价格达数十万元。

洛阳牡丹

洛阳牡丹园风光

洛阳牡丹是天下牡丹最有名的，有"洛阳牡丹甲天下"之誉。其栽培始于隋，鼎盛于唐宋；品种繁多，有红、白、粉、黄、紫、蓝、绿、黑、复色9大色系，10种花型，1000多个品种。

牡丹是中国名贵花种，属落叶亚灌木，约有1500年的栽培历史，因花朵硕大，雍容华贵，国色天香，素有"花王"之称，是吉祥富贵的象征。

必享典故

传说唐朝时武则天在春节之时酒醉游上苑，见百花未开，乘兴写下诏书："明朝游上苑，火速报春知，花须连夜发，莫待晓风吹。"一夜之间，众花花开，唯有牡丹不开。武则天大怒，贬牡丹至洛阳。从此洛阳牡丹甲天下。其实长安还是有牡丹的。唐玄宗时李白作《清平调》赞牡丹之美："云想衣裳花想容，春风拂槛露华浓。若非群玉山头见，会向瑶台月下逢。"

著名品种有洛阳红、黑花魁、姚黄、魏紫、烟绒紫、豆绿等。洛阳红的花色为粉红色，最受欢迎；黑花魁的花色呈黑红色，姚黄为金黄色；魏紫是均匀的紫色；烟绒紫呈墨红色，花蕊金黄色；二乔的花瓣红白二色相间，豆绿的花色如碧玉。

老集的花鸟市场、洛龙区洛宜公路中段新村花卉市场、南昌路和辽宁路口花卉市场、健康路跟沙场南路交叉口西500米花鸟市场；旅游景点的商店也有出售。

牡丹种子0.5千克15~20元，一株花根约20元，有2~3花枝的3年生苗15~20元，6~10花枝的苗约60元，春季花开牡丹每盆60~200元。

钧瓷

 必购特产

钧瓷是我国宋代五大名窑瓷器之一，产于河南省禹州市神垕（hòu）镇，因禹州古属均州而得名。钧瓷以"入窑一色，出窑万彩"窑变而著称，物美珍贵，故有"家有万贯，不如钧瓷一片"之说。

均瓷以氧化铜为着色剂，釉色呈玫瑰紫、茄皮紫、葡萄紫、丁香紫、海棠红、朱砂红、鸡血红、玫瑰红、胭脂红、火焰红、天青、蛋青、梅子青、天蓝、海蓝、月白、鱼肚白等多种色调，以朱砂红为贵，有"雨过天晴云破处，夕阳紫翠忽成岚"之形容。

必知鉴赏技巧

钧瓷有外六相和内六相。外六相是指钧瓷外部的形、质、声、色、纹、境六个方面。内六相指瓷器的气、势、情、韵、灵、神六方面。内外六相均佳，才是上等均瓷。

禹州钧瓷博物馆场景

必享典故

自汉至唐，瓷器的釉色是"南青北白"的单一色。唐朝时的均瓷上出现了不规则的自然花斑点。宋朝时钧瓷用氧化铜做着色剂，始出现多彩的均瓷。北宋亡后，钧瓷彩釉技术向全国扩散。元代钧瓷一般较粗糙，胎骨厚重，造型和釉色无法和北宋钧瓷相比。至光绪初年，仿宋均瓷才被神垕陶瓷工匠研制成功。新中国成立后不久，便恢复了均瓷的烧制。钧瓷作品常当做国礼赠送外宾。

 **必购正宗地**

禹州市神垕（hòu）镇。钧瓷的厂家有禹州市钧瓷一厂、孔家、荣昌、华鼎、宋钧、神龙等数家。专卖店有禹州大禹像转盘东南侧荣昌均瓷（0374-8281998）、宾河大道东段孔家均瓷（0374-8180300）；郑州市纬三路9号孔家均瓷（0371-65969069）。

 **必知价格**

依大小和形制，从数十元到数万元不等。

洛阳唐三彩

唐三彩原是唐朝时盛行一种低温铅釉陶冥器,在色釉中加入其他的几种金属氧化物,经过焙烧,能形成浅黄、赭黄、浅绿、深绿、天蓝、褐红、茄紫等多种色彩,但多以黄、赭、绿三色为主,故后人称之为唐三彩。现在市场上大批出售的是仿制唐三彩,多作为工艺品。三彩艺术馆仿的唐三彩曾获中国工艺品百花杯金奖。

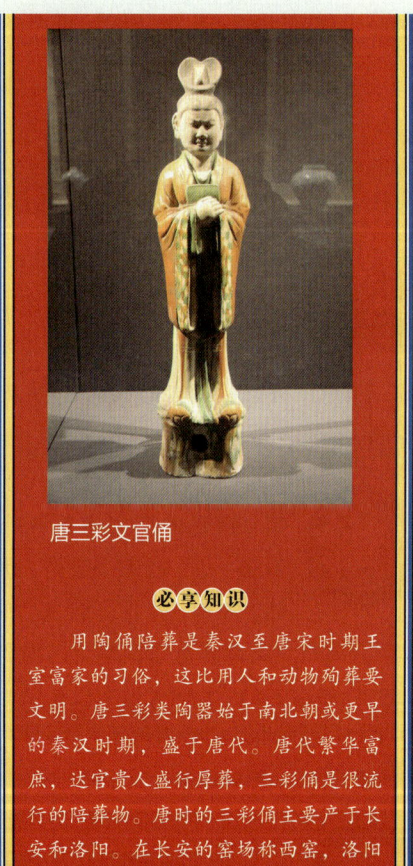

唐三彩文官俑

必享知识

用陶俑陪葬是秦汉至唐宋时期王室富家的习俗,这比用人和动物殉葬要文明。唐三彩类陶器始于南北朝或更早的秦汉时期,盛于唐代。唐代繁华富庶,达官贵人盛行厚葬,三彩俑是很流行的陪葬物。唐时的三彩俑主要产于长安和洛阳。在长安的窑场称西窑,洛阳的称东窑。唐三彩的人物造型有妇女、文官、武将、胡俑、天王等;动物多是骆、马,还有日常用器和房屋等。

唐三彩胎质松脆,防水性能差,远不如瓷器实用,多作观赏用。正宗的唐三彩马俑的马尾都是扎起来的,因为唐时盛行打马球。打马球时要把马尾扎起,以免缠打球杆。而不正宗仿品的马尾有的被塑成长尾,就失去了原味。

精品店有中州路和涧东路交叉口的唐宝斋(0379-63341918\63332266)、丽景门西门口街北侧的三彩艺术馆(0379-63980979)、中州路王城公园大门西侧三彩艺旗舰店(0379-63944261)。

精品小三彩马约400元,大的800~1000元。普通三彩一件几十元。

朱仙镇木版年画

必购特产 朱仙镇木版年画是开封县朱仙镇最有名的产品,乡土气息浓郁,民间情趣强烈,具有古老独特的地方风格,与天津杨柳青、山东潍坊、江苏桃花坞年画并称中国四大年画。此地年画业开始于北宋,盛于明清。2006年,经国务院批准,朱仙镇木版年画被列入《第一批国家级非物质文化遗产名录》。

其题材和内容大多取材于神话故事、演义小说、历史戏剧和民间传说,有很高的艺术收藏价值。

朱仙镇木版年画:天官赐福

必享典故 门神在中国出现很早,在先秦时期就有了。《山海经》记载有神荼和郁垒二神将把守东北方的鬼门关。晋朝干宝《搜神记》佚文曰:"今俗法每以腊终除夕,饰桃人,垂苇索,画虎于门,左右置二灯,象虎眼,以驱不祥。"又传唐朝时李世民为鬼所扰,夜不能寐,便请秦叔宝和尉迟恭把门,始能入睡,后画二人像贴于门两旁,以代劳,久之成俗。北宋时期雕版印刷业繁荣,门画成为行业,且较盛行。

必知鉴赏技巧 其颜料用的是矿物和植物,画面不易褪色,且好用紫、黄、红、绿、黑五色。老虎颜色为紫色,马多为红色。用纸较好,不易烂。

必购正宗地 朱仙镇天成年画老店、朱仙镇木版年画社;开封市宋都御街开封汴绣专卖店等。

必知价格 未裱的一张门神5~10元,精品装裱画一件20~300元。

淮阳泥泥狗

必购特产

淮阳泥泥狗是河南省淮阳太昊陵"人祖会"上泥玩具总称,又称"陵狗"或"灵狗",是一种原始的宗教类民间艺术作品,被誉为"真图腾、活化石、天下第一狗"。其动物造型有九头鸟、鸡、猴头燕、龙、人头狗、猪、马、羊、人面鱼、蟾蜍、蜥蜴、豆虫、蝎子等,各种怪兽共有200余种。

必知鉴赏技巧

泥泥狗为宗教类用品,有固定的历史传承,造型和彩绘方法都有成俗的规定,不是可以随便仿制的。它是以黑色为底色,上绘红、黄、青、白纹饰,色彩对比强烈。购买时不要选新式造型,越古朴越好。

淮阳泥泥狗玩具

必购正宗地

淮阳泥泥狗主要产自淮阳县城东的十二个村庄,以金庄村为最,已成立淮阳泥泥狗协会。在二月二到三月三的人祖庙会上,到处都有卖泥泥狗的小摊和商店。礼品级的泥泥狗在淮阳泥泥狗协会有售(0394-8380778),可网上购买。

必享典故

淮阳是中国第一古都宛丘所在地。宛丘是伏羲之都,遗址在淮阳县城东南4公里处。传说泥泥狗是华人祖母女娲娘娘所留,有祈福保平安之用,是庙会上香客们为避灾求福争相购买的"神圣之物",也是儿童的好玩具,都能够吹响。

必知价格

普通的的泥泥狗数元一个,礼品级的泥泥狗视工艺和大小,价格在20~300元。

浚县泥咕咕

必购特产 浚县泥咕咕是浚县民间的泥塑小玩具，大的不足20厘米，小的只有2厘米，尾部有两小孔，吹时发出"咕咕"的声音，故称泥咕咕。当地人称之小哨儿。其造型有人物、走兽、飞禽三大类，如《三国演义》《水浒传》和瓦岗军里的人物，以及兽面神将、骑马人、老虎、狮子、大象、燕子、斑鸠、公鸡、孔雀等。

泥咕咕是浚县民间的宗教文化类特产，是正月大伾山、浮丘山庙会上最受欢迎的产品，有"历史的活化石"之誉。2006年5月20日，被列入《第一批国家级非物质文化遗产名录》。

必知鉴赏技巧 浚县泥咕咕分泥品和烧品两类。泥品是用胶泥塑成形，晾晒干后彩绘而成。烧品是经烧制后再彩绘。其彩绘特点是以黑色、棕色为底色，然后绘上白土粉、大红、大绿、大蓝、大黄等条纹，对比强烈，很少有中间色。颜色以蛋黄调制，色明发亮。

浚县庙会上的泥咕咕

必享典故 浚县古称黎阳，位于河南省北部。隋末瓦岗军与隋军争夺黎阳仓时，瓦岗军中一员叫杨圯的大将屯兵在此。当时军有一些人会捏泥人，为纪念阵亡的人和马，使用胶泥捏成泥人泥马，用于祭典。后来一些士兵留在此地，将此地命名为杨圯屯。捏泥人的手艺也便流传下来。

必购正宗地 浚县县城东1公里的黎阳镇杨圯屯是泥咕咕的主要产地。在正月和八月的庙会上，很多小摊和商店都有售。

必知价格 普通的几元一个，精制礼品依形体大小，一个或一套10~300元。

信阳毛尖茶

必购特产

信阳毛尖茶亦称豫毛峰，是中国十大名茶之一，古时著名贡茶之一，属淮南绿茶，有淮南第一茶之称，主要产于信阳县和罗山县一带。因上等成品细如毛，坚实如尖，或为清明前的尖芽，故名毛尖。

信阳低山地区海拔在300~800米，浓雾环绕，光照适宜，很适合茶叶生长。加之人民勤劳，耕种得法，炒制精细，故质量更是上乘。

必知鉴赏技巧

信阳毛尖分明前茶、谷雨茶、春尾茶、夏茶和白露茶。其特优珍品毛尖茶为尖芽。特级毛尖是一芽一初展叶占85%以上。一级毛尖以一芽一叶占80%以上。二、三级毛尖以一芽二叶为主，正常芽叶占70%左右。四、五级毛尖以一芽三叶及对夹叶为主，正常芽叶占35%以上。优质毛尖汤色嫩绿、黄绿，明亮，清香扑鼻，头道苦，二道甜，一般能泡3~5道；劣质毛尖则汤色深绿或发黄，浑浊发暗，不耐冲泡，茶香味差，最多泡2次。

信阳毛尖礼盒

必享典故

信阳茶在唐朝时属淮南茶区，宋朝时已居淮南之冠，清朝时最盛。在1915年巴拿马太平洋国际博览会上，信阳毛尖茶以外形美观、清香味浓的独特品质，被授予世界茶叶金质奖状和奖章。1958年信阳毛尖在全国评会上被列入全国十大名茶。

必购正宗地

信阳市浉河港乡茶叶市场、浉河区礼节路广义信阳毛尖、北京大道金牛山管理区路口浉河港茶专卖店。

必知价格

浉河港大山茶信阳毛尖每500克大概价格：明前贡品雪芽2600元，明前特级顶芽2080元，明前特级珍芽1260元，明前一级包芽880元，明前二级次芽560元，明前三级芽叶400元，雨前特级珍芽880元，雨前特级纯芽680元；雨后特级包芽488元，雨后一级次芽320元，雨后二级芽叶210元，雨后三级茶叶120元。

南阳玉器

南阳玉器全国闻名，有中国最大的玉器市场。在玉器市场有各种玉石和成品玉器，如玉器挂件、玉镯、玉雕等。南阳镇人约经营着全国70%的玉雕贸易。

南阳的独山玉是中国四大名玉之一，因产于南阳市东北独山而得名。其质地坚韧微密，细腻柔润，色泽斑驳陆离，硬度为6~6.5，近于硬玉翡翠，比重为3.29，有绿、蓝、黄、紫、红、白六种色素，是很好的玉雕原料。

鉴定玉的真假可从三方面观察：第一，由于玻璃质地十分脆硬，很难磨出高浮雕和圆雕；第二，用放大镜细看，有气泡的，不是玉，有裂纹的是次玉；第三，玻璃加入氧化铬，色近红宝石；加入氧化钴，色近蓝宝石；加入氧化铬和氧化铜，色近祖母绿等；第四，假玉色调单薄，缺乏天然玉色之油润和浑厚；独山玉矿已封山，大宗独山玉器多为假货。

和田玉碧玉佛像

必享典故

中国四大名玉是指新疆的和田玉、湖北郧县等地的绿松石、河南南阳的独山玉、辽宁岫岩县的岫玉。另外还有蓝田玉、祁连山玉、西藏所产玉石、青海翠玉软玉、四川所产玉石、贵州玉石、山东玛瑙等。外国玉石有缅甸翡翠、韩国玉、俄罗斯玉、阿富汗玉、马来玉、泰国翡翠、产于阿富汗和加拿大的青金石、加拿大碧玉、新西兰碧玉等。

独山玉矿玉器展销厅（镇平县石佛寺镇玉博苑玉器批发市场）、镇平县玉雕大世界；南阳市车站南路东侧玉器批发大世界。

小件玉器一件价格低的数十元，高的一两千元。大件玉器价格更高。

湖北特产

　　湖北被誉为"千湖之省，鱼米之乡"，是我国重要的商品基地和棉花产区。悠久的荆楚文化，丰富多样的自然资源孕育出湖北独特的性格。

　　九省通衢的湖北物产丰富多样，南北兼备。黄陂泥塑历经千年风雨，武当剑留下了多少历史传说，绿松石寄托了幸福、吉祥、成功、平安等寓意……

黄陂泥塑

武汉归元寺大雄宝殿

黄陂是湖北的雕塑之乡，其泥塑制作历史已有500年以上。这里泥塑艺人辈出，技艺高超精湛，泥塑作品蜚声海内外，被湖北省列为省级非物质文化遗产项目。在它的非遗申请书上，黄陂泥塑被定义为："黄陂泥塑是以泥巴为主要原材料，以农民为主体、社会各界广泛参与的群众性传统美术雕塑活动。"

必享典故

黄陂泥塑起源于隋唐时期。其最知名的，便是王氏父子在清道光年间为汉阳归元寺塑成的五百罗汉，历经两百多年风雨仍完好无损，令世人惊叹其泥塑工艺之高超。清末黄陂泥塑艺人官志武以其精湛的泥塑手艺，为武当山、鸡公山、白马寺等名寺古刹制作道教、佛教神像。其作品栩栩如生，令黄陂泥塑的名声大振，获得了"泥塑之乡"的美称。

泥塑的鉴赏主要从审美和工艺两方面出发。从题材上，黄陂泥塑的制作内容大多为乡村生活，其人物形态憨态可掬，十分逗趣；工艺上，大型的黄泥塑做皮通常会采用黄陂地区独有的工艺——"脱胎漆塑"，因而具有抗潮防蛀、经久不变的特点。

武汉市的中百仓储友谊路店设有工艺品专柜。此外在水果湖、常青路、黄陂等其他连锁店也可以买到质量上乘的黄陂泥塑。

一个小型的人物泥塑的价钱在20~40元。

武当剑

在中国的武侠世界中，武当派是与少林齐名的两大派别。武当剑、少林棍、形意枪、八卦刀并称武林四大兵器。所以对不少到道教圣地武当山旅游的人们来说，武当剑也就成了一圆他们武侠梦的一次机会。

武当剑是用优质钛合金铸成，剑身两边刻龙凤图案，剑鞘用木质镶嵌铜花纹图案，刻有"武当"二字。剑的护手用黄铜镂花镶嵌，手柄用优质冬青木制成。

好的家剑需剑鞘与剑身相符，剑鞘与护手之间要不松不紧，剑柄光滑顺手。剑刃厚薄一致，顺直流畅，剑脊一线拉直，剑纹图案清晰。

必享典故

在武侠世界中，武当派的太极拳与太极剑就是由张三丰创立的。他为人洒脱磊落，不按常理出牌，因此创出的武当剑因敌变幻，虚实互用，端倪莫测，故武当剑"剑无成法"，讲究太极腰、八卦步、形意劲、武当神。曾有赞武当剑诗云："翻天兮惊飞鸟，滚地兮不沾尘，一击之间，恍若轻风不见剑，万变之中，但见剑光不见人。"

三丰刀剑阁

除了可以在武当山旅游风景区内买到漂亮的武当剑外，在十堰市的许多地方也能买得到，如六堰体育馆东边，就有十多家出售各类武当武术旅游纪念品的商铺。

一把做工精细的武当剑的价格一般为300~800元。

十堰绿松石

绿松石专卖店

必享典故

关于绿松石的故事与传说有许多，但最著名的，便是"完璧归赵"中的"和氏璧"。根据相关专家的考证，这块被称为"天下所共传之宝"的美玉，其原料就是绿松石。据说当年秦王政得到和氏璧后，曾将其刻成一方玉玺，传于后世。权力的追逐者们争相追捧。五代十国后，由于战乱，和氏璧在历史的潮流中下落不明。后世人们只能在古籍记载中得以一窥"传国玉玺"的神秘面纱。

必购特产

绿松石是一种不透明宝石，因其形似松球且色近绿松而得名，是世界上稀有的贵重宝石品种之一。绿松石也叫土耳其石、突厥玉，据说是因为在过去，波斯产的绿松石需经过土耳其才能运达欧洲而得名。

绿松石是最早用做饰物的矿物品种。在我国，绿松石的产地主要为湖北十堰市，而竹山县则是世界宝石级绿松石的唯一产地。

必知鉴赏技巧

优质的绿松石表面有油脂光泽，其抛光面为玻璃光泽，呈半透明状。

必购正宗地

在十堰市有多家专门出售绿松石饰品、雕刻的商店，如位于人民北路的绿松石珠宝行、茅箭区的绿松石故乡、郧县的绿松石矿等。

必知价格

作为一种名贵的宝石，绿松石制作的饰品价格都较高，一般一串绿松石制作的佛珠手链可卖到几百至数千元不等。

孝感麻糖

必购特产

孝感麻糖是湖北孝感的传统特产小吃，以精制糯米、优质芝麻和上等白糖为主料，配以桂花、金钱橘饼等，用传统配方精心制作而成。其富含蛋白质、葡萄糖、维生素，有暖肺、养胃、滋肝、补肾等多重功效，老少咸宜。

必知鉴赏技巧

孝感麻糖米酒有限责任公司生产的孝感麻糖，是唯一获得过"中华老字号"称号的品牌，因此购买的时候请认准商标。

徐寿辉

必享典故

元末，红巾军起义军领袖徐寿辉手下大将明玉珍攻取孝感县城。后被元军统帅忽都赤龙围困。将士们忍饥作战。当时军中有一名叫滕金生的当地青年，将家中自做、储存的60余担麻糖贡献出来给将士们补充营养。据此，明玉珍的军队最终打败元军。后来为感念滕家的恩情，明玉珍仍每年派人到孝感八埠口滕家买麻糖以慰乡情，甚至在他死后定下的遗嘱里有一条就是，只要孝感麻糖的供应线不断，就不要与明朝开战。

必购正宗地

孝感麻糖最正宗的产地就是孝感城南的八埠口（即今天的八埠村和金星村）。在湖北的各大超市也可买到孝感麻糖。

必知价格

根据包装的不同，孝感麻糖的价格也不一样，散装麻糖一般80元/500克，而礼盒装的一般一盒200元左右。

湖南特产

　　湖湘文化以多样的艺术形式呈现，湘绣等皆被列入国家非物质文化遗产保护名录；捞刀河刀剪与北京王麻子、杭州张小泉齐名；千年陶都铜官诉说着唐三彩的传奇。九个世居少数民族和谐共处，交织出独特的民族风情。

湘绣

 **必购特产**

湘绣主要是指以长沙一带为中心出产的刺绣产品，具有浓郁的湘楚特色。湘绣是我国四大名绣之一，与北京雕漆、江西景德镇瓷器并称为"中国工艺美术三长"。

湘绣是在纯丝、硬缎、软缎、轻纱等面料上用各种颜色的丝线、绒绣线绣出花卉、山水、动物、人物等。其针法多达70种，包括平绣、织绣、网绣、结绣、双面绣、乱针绣等，极具表现力。

 **必知鉴赏技巧**

挑选湘绣时最主要的是看湘绣表面的光洁度，好的绣品针线绣得很密，使图案有立体感，光洁度高。同时从湘绣花线的粗细也可以辨别出优劣。另外，湘绣的座架一般为中国古典式红木雕花。质次的湘绣架子的材料一般都用白木，时间一长就容易龟裂。

 **必购正宗地**

现在市面上的湘绣作品主要分为手工绣制和电脑刺绣，两种产品的价钱不尽相同。纯手工绣制的绣品一般不低于500元，而电脑绣出的小件手帕仅需一二十元即可买到。

 **必知价格**

位于长沙县星沙镇开元西路1号的星沙湘绣城是长沙最大的湘绣工艺品批发市场，这里集中了长沙大部分的绣品。此外长沙市区五一广场的湘绣大楼也以供应湘绣闻名。

溥仪

 必享典故

1922年，末代皇帝溥仪迎娶婉容和文绣。他身穿的珠冠龙袍，就是特地在长沙吴彩霞绣庄定做的。湘绣来源于长沙民间刺绣，同时吸收了苏绣和粤绣的精华，强调写实，质朴而优美，形象生动。

149 湖南特产

湘莲

必购特产　湖南也叫芙蓉国,是著名莲花产区。其种植莲花的历史已经超过2000年。湘潭市又叫"莲城"。其生产的湘莲是我国三大莲子之一,历来是作为贡品进贡给皇家的珍品,所以也叫"贡莲",被誉为"中国第一莲子"。

湘莲粒大饱满,洁白圆润,质地细腻,清香鲜甜,具有降血压、健脾胃、安神固清、润肺清心之功。

**必知鉴赏技巧**　感官特色:湘莲颗粒饱满均匀,呈短椭圆形;种皮呈棕红色,有细纹;莲肉乳白,煮食易烂,清香味美。

必享典故

湘莲何时开始栽培,何时名登榜首,无从查考。3000多年前战国楚大夫屈原,被流放在湖南沅湘之间时,写下的诗词中有大量关于莲的描写,如《招魂》:"芙蓉始发,杂芰荷些。"《湘君》:"筑室兮水中,葺之兮荷盖。"由此可知,当时湘莲已引人注目,而且莲的影响已渗入到湖南民间习俗之中。

屈 原

**必购正宗地**　"壹人壹"是湖南省农业厅为推广湖南优质农产品,特跟企业和优质供销社合作而创办的特优品牌,其牌下的湘莲质量在同行业中有口皆碑,在湖南各地的超市、特产店里都可以买到。

**必知价格**　质量上好的"壹人壹"特级湘莲一包25元(250克)。

醉美小吃 150

捞刀河刀剪

必购特产 捞刀河刀剪是享誉全国的著名手工艺品，产自长沙县捞刀河镇。早在明朝时，这一带的刀剪生产就已经十分发达，所生产的剪刀与北京的王麻子、杭州的张小泉齐名，深受人们欢迎。

其集刀剪锻造之精华，造型独特，技艺超凡，巧夺天工，炉火纯青，刃口锋利，不卷不崩，经久耐用。

必知鉴赏技巧 捞刀河刀剪在历史上曾较为辉煌，1964年，在全国产品质量检查大评比中，捞刀河刀剪曾荣获第一名，全国闻名。三种剪刀各有特色，品牌不同，锻造手法也各有自己的特点。

必享典故 相传三国名将关公过此，坠刀河中逆漂数里，捞而复得而故名，至今500余年。据说，捞刀河的命名与当年关羽战长沙有关。传说关公领兵攻打长沙时，乘小船在捞刀河一带巡查。当船行到小河入口时，一个大浪涌来，关公不慎将手中的青龙偃月刀落入河中。身边的周仓见状后跳入水中，将宝刀捞了上来。后来人们把关公落刀的地方就称为落刀嘴；捞刀的这条河就叫捞刀河。

关羽骑马挎刀图

必购正宗地 以捞刀河镇的产品最为正宗。

必知价格 价格一般为30元左右一把。

151 湖 南 特 产

铜官陶器

必购特产 铜官窑也叫长沙窑。其窑址铜官镇是著名的五大陶都之一。这里曾经十里轻烟,遍地瓷片,号称"十里陶城"。其生产陶器的历史已有1000多年,是与浙江越窑、河北邢窑齐名的中国唐代三大出口瓷窑之一,世界釉下多彩陶瓷发源地。

铜官陶瓷题材广泛,粗犷豪放,富有传统特色,产品包括美术陶、建筑陶、卫生陶、日用陶、炻陶5大类,360多个品种。

必知鉴赏技巧 可从长沙窑陶瓷胎质、釉色、纹饰、造型、款识来区别。

必享典故 长沙铜官窑始创于唐"安史之乱"后,鼎盛于中晚唐时期,五代以后,渐趋衰落,前后经历了200多年。长沙窑是在岳州窑的基础上,受唐三彩和波斯、大食、伊斯兰教、佛教艺术的影响而逐渐创造形成的一种独具特色的釉下彩陶瓷工艺。其实早在东汉时期,岳州窑的早期青瓷就已向长沙窑区扩展。

铜官窑瓷器

必购正宗地 湖南省长沙市望城县的铜官陶瓷市场。

必知价格 根据质地及生产年代,价格从几十元到几万元不等。

菊花石雕

必购特产

菊花石，也叫石菊花，以湖南浏阳大溪河所产的为上品。其"花"孕育于二亿多年前，因地质运动而形成于岩石之中，的确可以称为"取日月之精华，吸天地之灵气"。

浏阳菊花石由天然天青石和方解石矿物构成白色菊花状花形，花瓣多被方解石交替，呈放射状对称分布，组成白色花朵，花瓣中心由近似圆形的黑色燧石构成花蕊。

必知鉴赏技巧

真正的菊花石中心一般应有一个和花瓣基本同色的晶石，花瓣从中心晶石向四面八方呈放射状分布。所以，如石材不厚，从背面也应该可以看出花瓣的延伸部分。上等的菊花石基材必须紧密、坚硬，菊花必须完整无缺、清晰动人，整个菊花石应该色泽自然，以尽量少的人工介入为好。

浏阳烟花

必享典故

菊花石雕是浏阳县的独特手工艺品，用生成于2亿多年前的菊花石雕琢而成。据了解，到目前为止，全世界只有浏阳生产这种天然石。因此，浏阳菊花石雕被誉为"全球第一"。此石像菊花一样，花蕊有单蕊、双蕊、三蕊和无蕊，有类似竹叶菊、绣球龙葵菊、蒲叶菊和金钱菊花型等。

必购正宗地

长沙市芙蓉区的湖南天然菊花石工艺馆（0731—82641030）。

必知价格

作为一种珍贵的天然奇石，其价格较高，一般一块原石的价格都不低于千元。

湖 南 特 产

岳州羽毛扇

必购特产 岳州羽毛扇是以洞庭湖一带的天鹅、野雁、鹰、鹳鹤等名贵鸟类的羽毛制成的。可将羽毛清理、梳洗和分类，然后按其形状、毛色和质地，用银丝巧织成千姿百态、五颜六色的羽毛扇。岳州羽毛扇在长期的产销过程中，以其独特的艺术风格，与苏州扇、杭州扇并列全国三大名扇之一。

岳州羽毛扇品种繁多，工艺精湛，美观耐用，同时也是珍贵的艺术品。扇面设计想象丰富，取材广泛，构思新颖，有山水风景、名胜古迹；有花鸟虫鱼、名言警句；有历史人物、神话传说等，五彩缤纷，美不胜收。

必知鉴赏技巧 岳州羽毛扇扇骨以竹制成，光亮轻巧，镂刻精美。扇骨上雕有精致的图案，扇面铺满红绿绒毛，再喷上香料。折叠如一束鲜花。打开给人以"无风起舞，无花飘香"的感觉。

诸葛亮

必享典故

早期的扇子以羽毛为原料，制成长柄大羽，用来作为帝王的仪仗、装饰。帝王将相出场，常由侍者擎持羽扇随行，以示身份和威严。苏轼在《念奴娇·赤壁怀古》中有诗云："羽扇纶巾，谈笑间，樯橹灰飞烟灭。"诸葛亮手执羽扇指挥三军的形象，跃然纸上。

必购正宗地 岳阳市汴河街129号岳州扇、岳阳市岳阳楼区先锋路110号。

必知价格 根据材质、做工的不同，岳州扇的价格从20元至500元不等。

君山银针茶

必购特产　产于湖南岳阳洞庭湖中的君山，形细如针，故名君山银针，属于黄茶。其成品茶芽头茁壮，长短大小均匀，茶芽内面呈金黄色，外层白毫显露完整，而且包裹坚实，茶芽外形很像一根根银针，雅称"金镶玉"。

君山又名洞庭山，春夏季湖水蒸发，云雾弥漫，岛上树木丛生，自然环境适宜茶树生长，山地遍布茶园。

必知鉴赏技巧　君山银针冲泡时看起来芽尖冲向水面，悬空竖立，然后徐徐下沉杯底，形如群笋出土，又像银刀直立。假银针为青草味，泡后银针不能竖立。成品茶按芽头肥瘦、曲直、色泽亮暗进行分级，以壮实挺直亮黄为上。

必享典故　传说，五代十国时期的后唐明宗李嗣源在第一次上朝时，侍臣为他捧杯沏茶，当热汤刚倒入茶杯时，竟然立即升起一团白雾，然后又逐渐变成一只白鹤。它对明宗点三下头后便朝天际飞去，消失于空中。明宗再往杯子里看，杯中的茶叶悬空竖起，就像破土而出的春笋，过了一会又慢慢下沉，就像是雪花坠落。他感到很奇怪，问明缘故，心里十分高兴，下旨将君山银针定为"贡茶"。

李嗣源

必购正宗地　君山岛旅游风景区内有专门出售君山银针茶的特产商店。

必知价格　与其他茶叶一样，君山银针的品质也分等级，其中最高等的三级君山银针价钱为1600元/500克。

广东特产

广东是我国经济最发达的省份之一,作为我国的南大门,地理交通位置十分优越。所以,各地商品均汇于此地,十分丰富、繁盛,如粤绣、广彩瓷器、端砚、阳江风筝、新会葵扇等,均驰名中外,值得购买收藏。

粤绣

必购特产

粤绣指的是以广州、潮汕一带为生产中心的珠江三角洲民间刺绣工艺品的总称，主要分为"广绣"和"潮绣"，是与湘绣、苏绣、蜀绣齐名的四大名绣之一。据说，粤绣源自南海、番禺、顺德等地的少数民族民间刺绣，具有浓郁的岭南风味。

粤绣技法多种多样，"钉、垫、拼、贴、缀"是人们常用的五种。由于技法多样，粤绣的适应性较广，品种丰富，从寝具用的被套、枕套到穿着用的绣服、鞋帽、戏衣等应有尽有。

必知鉴赏技巧

粤绣大致可分为两大类：一是以金线为主，辅以彩纷刺绣、金碧辉煌、灿烂夺目、雍容华贵的盘金刺绣。二是丝绒刺绣，其开丝纤细，色彩缤纷，绣出的花鸟尤其精美。粤绣构图匀称，最大的特点就是布局饱满，往往少有空隙。

必享典故

据唐代《杜阳杂编》记载，永贞元年（805年），南海14岁贡奇女子卢眉娘在一幅一尺见方的丝绢上绣出一卷《法华经》，"字之大小，不逾粟粒"，"点画分明，细如毫发"。她还绣制一幅阔一丈的"飞仙盖"，上面绣有山水、神仙、玉女，"执幢、捧节童子亦不啻千数"。这充分说明了粤绣的悠久历史以及高超技艺。至明代，粤绣已成为重要的民间手工业。及至清中叶，受到西洋画风的影响，形成新的风格。

粤绣：梅凤图

必购正宗地

在广州，出售精美粤绣的地方有：广州芳村花鸟大世界、广州陈家祠、广州锦纶会馆、番禺大石镇、广州墩和番禺新造梁绣。

必知价格

根据大小、图样等方面的不同，一幅粤绣的作品从几十元到上万元均有。

广彩瓷器

"广彩"指的就是广州织金彩瓷,是广州一带低温釉上彩瓷器装饰技法的代表。这种技术始于明代的广州三彩。到清康熙年间,为适应外销,人们将景德镇烧造的素瓷坯运至广州。工匠根据外商的需要和喜好,在传统古彩技艺上吸收西洋表现艺术,在素瓷上进行彩绘,然后经低温烘烤制成彩瓷。

广彩瓷器除了日常生活所需的盘、碗、杯、碟外,也有陈设瓷等。

广彩作品的优劣可从两方面进行判断:一是制作工艺,看着色的厚度以及是否均匀,阴阳(表面凹凸)是否过关;二是艺术角度,看作者的构思、构图是否结合虚实的变化。

广彩鱼盘鱼碟

必享典故

广彩是清朝"政策"中"欧洲商船与我国通商只能在广州互市"条例限制的产物。康熙二十三年(1684年),清政府开放海禁,允许欧洲国家在广州开设贸易机构。当时的广东工匠借西方"金胎烧珐琅"技法,并仿照中国锦缎纹样绘制花卉图案,创制出"铜胎烧珐琅"。这就是广州彩瓷的萌芽。广彩早期色彩以红、绿为基调,金彩较少。嘉庆以后,色彩增多,大量使用金彩,形成了今天的风格。

在番禺区大学城外环西路岭南印象园内的织金彩瓷、荔湾区中山七路37号的广彩瓷器等都可以买到正宗产品。

根据瓷器年代、做工、瓷料等方面,一个广州彩瓷的价钱从几十元到上万元不等。

端砚

必购特产

端砚因产自广东端州（即今肇庆）而得名，为我国名砚之首，历来为各书画大家的心头之好。如今由于政府出于保护当地环境的需要，近些年已将所有的端砚名坑"封坑"，无石可采，所以端砚石原料越来越珍贵。

上好的端砚娇嫩、纯净，研出墨汁腻滑，书写流畅不伤笔毫，写出的字颜色经久不退。无论是酷暑严冬，只需轻轻对着端砚哈气，便可研出墨汁书写，故有"哈气研墨"之说。

必知鉴赏技巧

端砚上手时有滋润之感，若感到太轻或太沉重，或有粗糙的感觉，均有伪品之嫌；听声，端砚叩之声音较小且闷哑，不像其他石砚叩之声音带脆带响；用手指按住砚心1秒，端砚上就会有"水气"形成的手指痕迹；呵气，靠近端砚呵一口气，砚上就会凝聚一薄水层，用指一抹可见凝聚的水多寡。

荷叶形端砚

必享典故

相传唐朝中叶时，一位端州老砚工路经端溪，看到两只白鹤落入溪中，却久久不起。老汉心生疑窦，张网捞捕，不想捞起的却是一块石头。此石头十分奇异，上有裂缝，不时发出鹤鸣声响。老砚工顺着裂缝把奇石撬开，奇石竟一分为二，化作两方砚台。砚边各有一只仙鹤伫立在苍松之上。消息传开后，砚工们纷纷仿制。端砚于是慢慢变成了肇庆独有的工艺美术品。

必购正宗地

广东省肇庆市端州区的端砚阁、宝荣端砚，端州区端州一路白石村的中国端砚展览馆、端州一路（肇庆大桥旁）的端砚文化村等。

必知价格

一方端砚的价钱在200元至上万元不等。

广东特产

阳江风筝

必购特产

广东阳江风筝已有1400余年的历史。阳江背山面海,旷野辽阔,到处都是天然的放飞场。每逢重阳,秋高气爽,放风筝便成了民间最兴盛的赛事。阳江是南国风筝之乡,为南派风筝的代表之一。不但放飞效果良好,而且形神兼备,具有极高的实用价值、欣赏价值和收藏价值,近几年来在全国比赛中多次名列前茅。

必知鉴赏技巧

一般来说,在风力适宜的条件下,放飞的角度(风筝放飞线与地面所呈的夹角)越大越好。最好是在风力发生变化时,观察一下风筝飞行是否稳定。在商场中要挑选一只好的风筝绝非易事。建议您按照下边的顺序购买,这样放飞成功的概率要大些。即:运动型风筝、立体类风筝、硬拍子类风筝、硬翅类风筝。

阳江软翅风筝

必享典故

在阳江,人们可以领略到不同种类的风筝在空中摇曳的风姿。其中,阳江的大龙在国内外都吸引了不少游客的眼球。其鲜艳的色调加上精湛的做工,以及娓娓晃动的身躯,在风中极具魅力。阳江风筝能在国内外享誉天下,阳江大龙功不可没。阳江风筝多由手工制作,每个风筝的面世都是风筝艺人的心血。

必购正宗地

阳江市江城区龙井风筝工艺店、江城区东风三路鸳鸯湖公园的阳江风筝馆等。

必知价格

普通风筝的价钱在20~100元,而精品风筝的价钱则能达到300元。

新会葵扇

葵扇俗称蒲扇，或芭蕉扇，是用蒲葵的叶、柄制成的一种质轻价廉的扇子，在我国极为普及。我国葵扇产地众多，但说到最为有名的，当属广东江门新会所产的葵扇。新会号称"葵乡"，所产的蒲葵叶大而不开裂，心蒂圆正，骨骼细匀，色泽光洁，体质轻盈，是制作葵扇的上等材料。

新会葵扇根据质量可分为三个等级：特级，蒲芯摊开压制而成，色泽黄白，手柄套管或者缠边，吊装饰，大小均匀；一级，质量和特级差不多，只是色泽比较绿，大小装饰等都和特级一样；二级，把比较大，手柄无装饰，原生态的。

必享典故

葵扇古称"梭扇"。根据历史记载，新会种植蒲葵的历史可以追溯到1600年前的东晋。在新会，流传着这样一种说法：在新会能望见凌云塔的地方，种下葵树长出的葵柄尖顶正对葵扇正中，而在其他地方生长的则是歪的；种出的新会大红柑，柑皮格外芳香，是做正宗的陈皮的最佳原料；种出来的新会甜橙，底部有圆圈，特别美味。

新会葵扇

江门市新会区会城冈州大道中17号113铺苏记陈皮商行。

根据包装规格及葵扇品种、品质不同，价钱从3元到300元不等。

广西特产

　　广西号称"八桂大地",是坐落在我国南疆上的一颗璀璨的明珠。这里世居着12个少数民族,为广西的民间文化提供了极好的基础。另外,广西的动植物资源也十分丰富,从各种亚热带水果到药材等应有尽有,如神奇美丽的壮锦、被称为"神仙果"的罗汉果,以及桂林三宝、沙田柚、蛤蚧等。

醉美小吃

壮锦

必购特产

壮锦又称"僮锦"、"绒花被",与云锦、蜀锦、宋锦合称四大名锦,为壮族传统手工织锦,是广西少数民族文化的瑰宝。

壮锦是在手工织机上,以棉、麻、纱线为经,彩色丝、绒线作纬,利用织机的支撑、传动、分综和提花装置,采用巧妙的通经断纬方法进行编织的艺术品。最具特色的是,壮锦会在织物正反面织出对称花纹,增加织物厚度,使其更为紧实美观。

必知鉴赏技巧

壮锦的优劣与所使用的原材料和纺织工艺有关。一般来说,天然的植物纤维价格高,手工织出来的壮锦价格也高;反之则低。目前,市场上还有用印染的花布冒充壮锦兜售给外地旅行者的现象。

必享典故

在民间,传说壮锦与一位宋代名叫达尼妹的壮族姑娘有关。据说,她是看到蜘蛛网上的露珠在阳光照耀下闪烁着异彩,从中得到启示,用五光十色的丝线为纬,原色细纱为经,纺织出美丽壮锦的。

正在晒布的壮族少妇

必购正宗地

南宁市安吉大道蕴霞服装设计工作室、宾阳县宾州大街湘光织锦坊、柳州市桂特民族工艺品商行、百色市隆林县迎宾路壮锦绣花坊、靖西县城中路壮锦展艺厅等。

必知价格

同样尺寸幅度、花色也相近的一块壮锦,价格差距很大,从几元到几万元的均有。

合浦珍珠

必购特产　合浦是我国著名的南珠之乡。合浦珍珠，也叫南珠、廉珠、白龙珠，是世界珍珠中的极品。历史上有"合浦珠名曰南珠，出欧洲西洋者为西珠，出东洋者为东珠"之说，而在国际上普遍认为"西珠不如东珠，东珠不如南珠"。

合浦珍珠一直以来都深受皇家以及文人墨客的青睐。故宫博物院里陈列的珍珠多为合浦出产；慈禧太后皇冠上镶嵌的数千颗珍珠便是合浦珍珠。

必知鉴赏技巧　看摩擦，两颗珍珠互相轻轻摩擦，会有粗糙的感觉，而假珍珠则产生滑动感觉。看钻孔，观察钻孔是否鲜明清晰，假珠的钻孔有颜料积聚。看颜色，每一颗珍珠的颜色都略有不同，除了本身色彩之外还带有伴色，但假珠每一颗的颜色都相同，而且只有本色，没有伴色。看冰凉感，珍珠放在手上感觉冰凉，假珠则没有。

合浦玛瑙穿珠

必享典故　据《汉书·孟尝传》载，东汉时，合浦百姓善采珍珠，并以此与邻近的交趾郡换取粮食为生。由于采珠的收益很高，合浦地方官为了向民间搜刮珍珠，不顾珠蚌的生长规律，强迫珠民连年滥采，造成合浦沿海珠苗几近灭绝。汉顺帝继位后，派孟尝到合浦当太守。他到任后，改革前弊，废除盘剥珠民的杂项，合浦又成了盛产珍珠的地方。

必购正宗地　北海市合浦县廉州镇定海中路合浦珍珠店、合浦县金世纪广场11号2楼合浦珍珠白龙珠宝店以及在南宁、北海等地的珠宝店均有出售。

必知价格　形状不规则有皱纹的养殖淡水珍珠的价钱一般在几元一粒，而大粒、圆润、珠光宝气的天然海水南珠，一串项链则往往需要数千元以上。

靖西绣球

必购特产

靖西绣球也叫"堆绣绣球"，是靖西壮家人的定情信物和吉祥物。之所以称"堆绣"，是因为这是靖西壮族手工艺人独有的刺绣工艺。它令绣球图形更为精美，构图更为复杂，极富立体感，是绣球中的精品。

绣球大多以红、黄、绿三色绸料为底面料，缀以珠子、流苏。一个绣球大多为12瓣，内里会填充豆粟、棉花或谷物等农作物的种子，以增加其重量便于抛掷，同时也寄寓来年"五谷丰登"。而作为男女间的定情之物，绣球更有着"生育兴旺"之意。

必知鉴赏技巧

好的绣球要求针线密、紧实，图案逼真；内部的填充物为天然五谷最好。

必享典故

抛绣球是壮族民间传统体育活动，流传至今已经有2000多年的历史。了过根据当时的史书记载，那时的人们甩投的是青铜铸造的古乐器——"飞砣"。后来飞砣逐渐变成绣球花布囊。在壮乡，绣球可传递男女情感。在歌圩上，姑娘若看中一男青年，便将绣球有意抛去。男方接过绣球，若亦有情意，即系礼物于绣球上投报之。

准备抛绣球的壮族姑娘

必购正宗地

靖西县旧州镇是著名的"绣球之乡"，镇上有"绣球一条街"，不仅可以买到纯手工制作的绣球，还可参观到绣球的制作过程。

必知价格

根据大小及做工的不同，绣球的价钱也不同。一般作为旅游纪念品、礼品的绣球，价钱从几元到数百元不等。

广 西 特 产

桂林三宝

必购特产

"桂林三宝"指传统桂林土特产的代表,分别为:桂林三花酒、桂林辣椒酱、桂林豆腐乳。

三花酒被誉为"米酒之王",是我国米香型小曲白酒的代表;桂林辣椒酱曾多次被评为自治区、桂林市优质产品和名牌产品,畅销东南亚各国。桂林豆腐乳以鲜、辣、细、香著称,是白腐乳的代表。远在宋代,就已很出名。

必知鉴赏技巧

三花酒的酒花越细,堆花越久,酒的质量就越好。豆腐乳以色正、形状整齐、质地细腻、无异味者为佳品。将辣椒酱用水稀释,静止一段时间后看有没有杂质沉淀,没有沉淀的质量好。

桂林三花酒酒窖

必享典故

相传,桂林的桃花岛一位叫象郎的小伙子,在自家的院子里种了一棵桂花树。18年后中秋某天,树下走出一位貌美姑娘愿以身相许。两人就以月为证,定下终身。不料成亲那天,龟王和蛇夫人派龟兵蛇将将桂花仙子抢走。象郎也身中飞剑归去。桂花仙子悲愤难当,将一篮桂花撒向象郎墓地。从那以后,桂林就变成了桂树的海洋。后人利用满城飘香的桂花和纯净优质的漓江水,酿制出了味道醇香爽口的三花酒。

必购正宗地

桂林的超市里有出售集三花酒、豆腐乳、辣椒酱为一体的礼品盒,小巧别致,便于携带,深受中外游客的喜爱。

必知价格

三花酒根据酒酿造工艺及包装不同,价钱在15~50元/500毫升。豆腐乳一瓶(250克)5~10元。辣椒酱一瓶(250克)3.5~10元。

沙田柚

必购特产

沙田柚，数广西容县沙田所产最为出名。桂林市临桂县、阳朔县一带，土壤肥沃，排水良好，与容县沙田村的土质类似。种出的柚子无论形、色、香、味都和沙田村产品差不多，因此人们把临桂县、阳朔县一带产的柚子，也统称为"沙田柚"。

广西沙田柚成熟后色鲜黄，底部可见金钱状印环，俗称"金钱印"。因它有一层厚皮，便于长途携带，能较长时间保存柚肉不变质，被人誉为"天然罐头"。

必知鉴赏技巧

看：产于容县的沙田柚，其成熟的果面应该呈略深色的橙黄色；果形以果蒂部呈短颈状的葫芦形或梨形为好。掂：挑选时，同样体积的柚果，用手掂一下，较重的多数为皮薄、清甜脆嫩、口感好的果；轻的则较差些。捏和闻：略经贮藏的柚果，用手轻捏果实，应稍有软感且有弹性；果面可略闻到香甜气味；若刺破果面油胞，其气味的刺激性就小了。

沙田柚

必享典故

沙田柚原先叫做杨核子。乾隆年间，容县沙田村有个在外地做官的人，名叫夏纪纲。他从外地往家里寄了两株杨核子树苗，让家人将其种在自家水塘边上。后来乾隆皇帝出巡江南，来到夏纪纲做官的地方。夏纪纲把家里人邮寄过来的果子献给皇帝品尝。皇帝吃后连声称赞！于是询问何果。夏答："叫杨核子。"皇帝道："此果名字不佳，应另取'沙田柚'。"

必购正宗地

容县千秋村、自良镇等地的沙田柚质量最好。

必知价格

每年的沙田柚市场会因季节、收成而有所不同。沙田柚的价格也有很大的浮动，一般在3~15元/500克。

罗汉果

必购特产

罗汉果别名假苦瓜、拉汉果，为多年生草质藤本植物，主要产于临桂、永福一带的山区，是桂林名贵土特产。罗汉果果形呈卵形，表面褐色、黄色或棕绿色，气微，味甜，可做果茶、粥、汤。

罗汉果被人们誉为"神仙果"，营养价值很高，不仅可以提高人体免疫力，还可降低血脂，对防止高血脂、动脉粥样硬化有一定疗效。

必知鉴赏技巧

好的罗汉果个大，果体椭圆，色金黄或黄褐色，没有破损，摇之没有响声。比较新鲜的罗汉果表面毛比较多。旧的因为经常摩擦，果体比较光滑。

神农炎帝

必享典故

罗汉果得名的由来有多种：相传天降虫灾，神农尝百草以寻良方。如来佛祖怜悯神农之苦，特派十九罗汉下凡，以解神农氏之难。其中有一罗汉发愿，要灭尽人间虫灾，方回天界。发愿完毕，随化身为果，寓意罗汉所修之果，后世简称罗汉果。这也是人们通常只晓得十八罗汉的原因。

必购正宗地

在广西各地的大小超市、百货商店、特产商店、农贸市场等都有出售。

必知价格

包装好的罗汉果礼盒装一般在30~80元，而散装罗汉果则为30元/500克。

蛤蚧

必购特产

蛤蚧也叫大壁虎、仙蟾。其干燥体是名贵的动物药材。蛤蚧的用药历史悠久，疗效确切，可治虚劳喘咳、阳痿、神经衰弱及小儿疳积等。

广西是蛤蚧的主要产地，不仅有珍贵的野生灰斑蛤蚧，还有从越南、柬埔寨、泰国等地进口的红斑蛤蚧。除了传统的干蛤蚧产品，广西人还将其进行泡酒制成蛤蚧酒，主治肾虚腰痛。

必知鉴赏技巧

本品多用篾片支撑，呈扁圆片状，多为两只相对捆成一对，头颈及干部长13~18厘米，尾长6~14厘米。背部可见橙红色斑点；头扁长，略呈三角形，两眼无眼睑且凹陷成窟窿；口内细齿密生，无大牙；四足均具五趾，趾底面有褶，俗称"吸盘"；尾扁圆形，上粗下细，有数条深浅相间环纹。

必享典故

在广西民间传说中，蛤蚧有灵性、重感情。据说如果一只蛤蚧被捕，它的配偶必定会紧紧跟随，相视哀鸣。而如果把雌、雄蛤蚧烘干，研为粉末后点燃，燃起的火苗竟会向中间靠拢，最后合为一股。其难舍难分之情，尤为让人动容。

蛤蚧

必购正宗地

蛤蚧酒及蛤蚧丸等在各大药房、超市均有出售。蛤蚧是国家二级保护动物，严禁个人非法采购、宰杀。

必知价格

由于材料短缺，现在一对蛤蚧的价格已达到近百元。

海南特产

　　海南岛独特的地理环境和气候环境，造就了其丰富的物产，如咖啡、椰子等都是馈赠亲友的首选之品。海南工艺品多种多样，其中又以各种雕刻闻名，椰雕、贝雕数不胜数；红豆、佛珠等装饰品更是女士的最爱。

海南椰雕

 必购特产 　海南和椰子之间有着说不尽的渊源。海南椰雕制品成为海南人喜爱椰子的载体与符号。

海南的椰雕主要分为三类：把椰壳和贝壳镶嵌的椰壳雕、椰棕雕和椰木雕。其种类从日常生活的碗、花盆、酒杯、文房用具等容器，到拥有极高艺术价值的工艺雕刻品、拼贴画、饰品等，应有尽有，渗透到了海南生活的方方面面。

 必知鉴赏技巧 　椰雕价值的高低主要由其制作工艺决定，制作工艺越复杂，椰雕收藏价值越高。

必享典故 　海南椰雕可追溯到中唐宣宗元年（847年）。《粤东笔记》载：李德裕谪居崖州时，将椰壳锯正制成瓢、勺、碗、杯作吃喝用具。唐诗人陆龟蒙有"酒满椰杯消毒雾"的诗句，可见椰壳消毒避瘴、制成日用品至少有1100多年历史。到了宋朝，工艺精致的椰碗、椰杯、椰壶已流行在士大夫的宴席上了。至于清末、民国初期，用椰雕作为礼品、用品已相当平常。

椰子树

 **必购正宗地** 　海口市的新港有多家椰雕店，而文昌的东郊艺海椰雕是近现代海南椰雕的发源地，在三亚的各大商业街都有专门的店面出售。

 **必知价格** 　在东港一个椰雕人偶的价钱大约为10元，椰雕挂件大约为15元。但制作精良的椰雕杯、瓶等要价则可达上百元。

苦丁茶

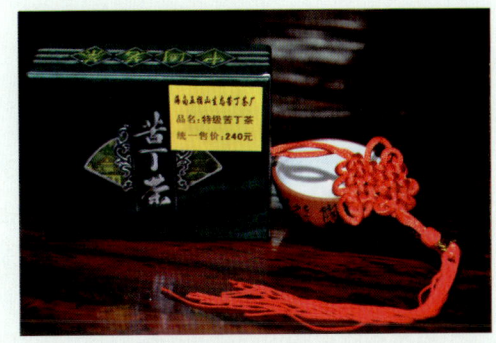

苦丁茶也叫万承茶、一叶青等，在古代文献中称皋芦、瓜芦、过芦、洛芦、果洛等，但并非唯一的植物专用名词，而是数十种叶片带苦的可制成茶叶饮用的众多植物的统称。对苦丁茶一词的由来，一般认为"苦"即其苦味甘，"丁"即一小片、一丁点的意思，即有一点苦味的茶。

海南苦丁茶是选用烟雾缭绕的五指山区野生大叶苦丁茶树嫩叶。其体形十分高大，树龄近千年，枝繁叶茂，华盖四蔽。

苦丁茶滋味是先苦然后有微甘味，无涩、辣、臭、酸及其他异味，耐冲泡。回甘味过强、带甜味的，可能是加了甘草或糖。若有参味的可能是绞股蓝或其他参类。苦丁茶叶底带紫褐色、无茸毛，叶片大且厚，茶梗粗壮，这是其与其他茶类最大的不同。

新鲜苦丁茶

必享知识

苦丁茶的药用效果非常明显。中医认为，它具有散风热、清头目、除烦渴的作用，可用来治疗头痛、牙痛、目赤、热病烦渴、痢疾等。现代药理研究则证明，苦丁茶中不仅含有人体必需的多种氨基酸、维生素及锌、锰等微量元素，还具有降低脂、增加冠状动脉血流量、增加心肌供血、抗动脉粥样硬化等作用，备受中老年人的青睐。

除了可以在五指山风景区内买到苦丁茶外，在海口市美兰区也有多家苦丁茶专卖店，如博爱路的五指山苦丁茶专卖店，龙华区的火焰山苦丁等。

由于做工、原料的不同，苦丁茶也有不同的等级。普通的苦丁茶价钱在80~150元/500克，而特级的苦丁茶大约为200~500元/500克。

海南咖啡

必购特产　海南是我国咖啡的主要生产基地，其地理气候条件都十分适合咖啡的生长。它所产的咖啡主要以大、中粒咖啡为主，质量极好。如今，我国在市面销售的大部分咖啡，原产地都是海南。

海南咖啡以福山咖啡和兴隆咖啡最为有名。其加工精细，每年咖啡豆成熟后便及时采摘。按其成熟程度、色泽大小，分开归类晾晒。然后，将晒干的咖啡豆，用慢火焙炒，一边翻炒，一边加入适量的奶油和白糖，焙炒至咖啡和配料匀在一起，粘成一片，轻敲即散为止。

必知鉴赏技巧　好的咖啡豆形状整齐、色泽光亮，单炒烘培后冲出的咖啡香醇，后劲足。用手轻轻压新鲜的咖啡豆，会有一股香味飘出。另外，一般深色的咖啡煮出来会有苦味，而颜色偏黄的咖啡豆，煮出的味道则较酸。

必享典故　1908年，在东南亚一带创业成功的海南华侨，衣锦还乡，还从马来西亚引进咖啡豆，在儋县大面积种植。周恩来总理喝了后说："兴隆咖啡是世界一流的，我喝过许多外国咖啡，还是我们自己种的咖啡好喝。"——一杯香味浓郁的咖啡，一位和蔼可亲的总理，为兴隆咖啡写下了一段美妙历史。

福山咖啡文化风情镇

必购正宗地　海口市南海大道博巷路3号的南国食品、万宁市兴隆华侨农场的万宁兴隆怡然咖啡、澄迈县福山镇的福山咖啡馆等。福山水库四周有130多公顷咖啡种植园，还建有多家咖啡经营场所。

必知价格　一袋320克装的炭烧兴隆咖啡约25元，而罐装300克的椰奶咖啡大约为55元。罐装200克的福山咖啡粉则需要120元左右。若是咖啡豆，中度烘焙的则大概需要80元/500克。

海南红豆

种子呈扁圆形或心形全红的称海南红豆，为木本植物，每年5月开花，10月果实成熟。海南红豆红而发亮，从不褪色，像一粒心形的红宝石。其红色是由边缘向内部逐步加深的，最里面特别艳红的部分又呈心形，真是大心套小心，心心相印。

海南红豆也被人们称作相思豆。人们常用它来表达"天长地久、贞久不变"的爱情。其天生颜色艳红，种子经久不腐、不烂、不破、不碎，值得品尝、购买。

真正的相思豆呈心形，眼外形边缘内侧有一条较浅色的心形纹路，称为"心心相印"。相思豆质地坚硬，经久不腐，色泽红艳而不张扬。

相思豆

在民间，相思红豆和玉一样，是有灵性的开运吉祥神物。定情、婚嫁的时候，红豆是男女传情的绝佳之物。唐代大诗人王维一首"红豆生南国，春来发几枝。愿君多采撷，此物最相思。"道出了情人间最绵长的相思。

目前，每斤红豆树种子100元左右。另外，相思红豆饰品更风靡南国。在三亚市的跃进街、海口市解放路步行街等商业街区都能买得到红豆制作的首饰。

一串红豆手链一般为8~30元，项链15~50元。

黄花梨佛珠

必购特产 佛珠，又称念珠、数珠，是佛教徒念经、拜佛用的物品。海南产的各种佛珠历来是到海南旅游的人们最喜爱的工艺品之一。海南黄花梨又称"降压木"。其木屑泡水可降血压、血脂，做枕头可以舒筋活血。

经常用棉布擦拭海南黄花梨手串，不仅可以去除污垢，还可以防虫蛀。珠子也会慢慢呈现出幽雅的色泽和华丽的纹路。手串还要避免阳光暴晒，防止龟裂。

必知鉴赏技巧 "闻"，黄花梨醇厚辛香；"尝"，其味道微苦；"看"，新料黄花梨视感极好，条理清晰，生动多变；"摸"，摸起来手感较轻，粗而不刺，光滑油亮，甚至会在手上留有余香；"泼"，用小刀削一些碎末，放在一个杯子里面，用滚烫的开水泼上去，会有很浓的香味。

海南黄花梨佛珠

必享典故 海南黄花梨是我国最贵的木材原料，随着近些年收藏家以及商人们对黄花梨的追捧，加上对原材料的毁灭性开采，海南的黄花梨目前已经停严。黄花梨成活容易成材难，往往一株成材的黄花梨木需要上百年的时间，因此即使现在种植黄花梨也赶不上人们对于其需求。如今一千克的黄花梨的价钱早已突破万元，即使是过去弃之不用的边角料都成为人人争抢的"宝贝"，堪称贵比黄金。

必购正宗地 海南省海口市龙华区金贸西路26号滨海茗苑B105铺面：古尚雅斋（0898-68638212）。

必知价格 随着黄花梨原料的紧缺，根据珠子直径大小及数量不同，价钱在6000~15000元不等。

黎 锦

黎族女子善于纺织，尤以黎锦、黎单闻名于世。黎锦是黎族民间织锦的简称，多用于女子的筒裙、摇兜等生活用品。其色彩艳丽，图案构造想象丰富，极富民族色彩，是我国纺织艺术的代表之一。

黎锦以织绣、织染、织花为主。其染料多采用山区野生或家种植物的汁液为原料，不易褪色。海南的黎族有多个分支，他们根据自己的习惯与喜好，织出的各具特色的黎锦。

纯手工编织的黎锦是采用扎染与织造相结合的织锦工艺，其经线多采用缬染法（即扎染），在一个扎线架上编好经线，然后用纱线在经线上扎结，染色后拆去纱线，即出现蓝底白花的图案，再织进彩色纬线，故而其经纬密集、扎紧、硬实。

必享典故

黎锦有悠久的历史，产于海南岛的黎族居住区。《峒溪纤志》载："黎人取中国彩帛，拆取色丝和吉贝，织之成锦。"元代时，黄道婆师从黎族先进的纺织技术，将其带回松江，大大改善了中原的棉布质量，对我国纺织发展具有重要影响。

黎族织锦

海南省民族织锦研究所商店（五指山市农林路18号）。

一幅制作精美长280厘米、宽40.5厘米的纯手工黎锦，价钱为2800元左右。

合川桃片

必购特产 合川桃片始创于1840年,是重庆市合川区的名特产品。其品牌甚多,其中"同德福"的桃片有"世界第一桃片"之美誉。桃片有补脑、健脾、润肺、利尿的功能,深受当地人们的喜爱,常被当做馈赠亲友的礼品。1981年、1988年,合川桃片曾两次获得国家银质奖。

必知鉴赏技巧 合川桃片是用糯米、核桃仁、麻油、猪板油、搅糖、蜂蜜、玫瑰等加工而成的薄片,厚薄均匀,卷裹不断,点火即燃,细腻化渣;有甜、盐两个品种,甜桃片色泽白,香甜爽口;椒盐桃片含有核桃仁、芝麻、花生,色泽微黄,清香酥脆,略有咸麻味。

必享典故 合川桃片在一百多年以前就是合川的有名糕点。官员和士绅常用它馈赠亲友。清光绪二十一年(1895年),"祥云斋"糖果铺生产有甜桃片。光绪二十三年(1897年)"同德福京果铺"也开始生产,所产桃片享誉合川。民国四年(1915年),同德福桃片在美国旧金山举办的巴拿马万国博览会上获金质奖章。

合川桃片摊位

必购正宗地 重庆市渝中区八一路好吃街合川桃片店;市内各大超市均有售。

必知价格 每盒约15元左右。

永川皮蛋

永川皮蛋始创于清朝道光年间,至今约有1600多年的历史,是我国一种传统的风味美食。它不仅受到国内广大消费者的喜爱,在国际市场上也享有一定盛誉。现在还研制出了无铅松花蛋,食用更加健康,是馈赠亲友的佳品。其中以双鸭牌松花皮蛋最为有名。

永川皮蛋蛋壳易剥不粘连,蛋白为茶色透明状,蛋黄为橙色或深绿色凝固状,有的具有溏心。成熟的皮蛋蛋白和蛋黄上均有松叶花纹。

永川县衙公堂

必享典故

相传,在明代江苏吴江县有一家小茶馆,生意兴隆。店主习惯把泡过的茶叶随手倒入炉灰中。他养的几只鸭子爱在炉灰中下蛋。店主拾蛋时,难免会有遗忘。一次,店主在打扫炉灰中的茶叶渣时,发现了不少鸭蛋。他以为不能吃了,谁知剥开一看,里面黝黑发亮,还有白色的花纹,并且味道很香。这便是最初的皮蛋。之后经人们不断的改进,皮蛋的制作工艺也日趋完善。

在各大超市均能买到,如重百超市、新世纪超市、人人乐超市、沃尔玛超市。

15元/500克。

灯影牛肉

必购特产

灯影牛肉已有100多年的历史，起源于清朝光绪年间。其选料精细，做工复杂。一头壮牛，只能选出7千克左右的精肉，再配以调料，经过多道工序制作而成。灯影牛肉以独特的风味受到人们的喜爱，并已远销美国、中国香港以及东南亚等。

必知鉴赏技巧

从外观上看，灯影牛肉薄如纸片，呈半透明状，可以透过灯光看见人影。从色泽上看，灯影牛肉色泽油润，棕黄泛红。从口感上看，灯影牛肉麻辣鲜脆，咸度适中，落口消融，清香鲜美，回味无穷。

必享典故

清朝光绪年间，有个姓刘的人流落到达州，以烧腊、卤肉为业。最初，他制作的五香牛肉因片厚肉硬、难嚼、易塞牙而销路不畅。后来，他改进方法，将牛肉切得又大又薄，先腌渍入味，再在火上烘烤，卖时还淋上香油。因制出的牛肉香酥可口，在市场上大受欢迎。

超市售卖的灯影牛肉

必购正宗地
在重庆的重百超市、新世纪超市、人人乐超市、沃尔玛超市等，均能购到正宗商品。

必知价格
一袋70克的灯影牛肉，一般价格为12元。

磁器口陈麻花

磁器口麻花又称陈麻花,指重庆市磁器口所产麻花,是用面粉、糯米粉、花生油、核桃油等做成的,味道酥软,口味独特,先后获得"重庆特产"、"重庆名点"等称号,常被当做礼品赠送亲友。

磁器口麻花有甜、椒盐、麻辣、蜂蜜、海苔、五香、葱油等品种,各具特色。如甜味麻花香甜可口,入口即碎;椒盐麻花口味略咸,酥脆化渣;麻辣麻花集甜、麻、辣于一身;蜂蜜麻花口味纯甜。

必享典故

麻花原是重庆及合川的街头小吃之一。1998年起,合川县金钟村人陈昌银开始在重庆街头卖麻花。他做的麻花技术来自其村的老人家。2000年磁器口古镇搞旅游开发,他便在此开店经营。不久,陈麻花成为磁器口的知名美食。其后,他又注册了"陈昌银"和"古镇陈麻"两个商标,一时声名鹊起。

陈麻花店铺

以重庆市沙坪坝区磁器口正街53号陈麻花、磁器口南街8-9号陈麻花分店最为正宗。

一袋500克的为10~12元。

涪陵榨菜

必购特产

涪陵位于长江与乌江的交汇处,出产一种茎部发达、叶柄下有乳状突起的青菜头。当地人称之为"包包菜"、"疙瘩菜"或"青菜头"。涪陵因盛产榨菜而被称为榨菜之乡。涪陵榨菜与德国的甜酸甘蓝、法国的酸黄瓜齐名,被誉为世界三大名腌菜。1951年获得巴拿马国际金奖。其中以"乌江牌"最为有名。

必知鉴赏技巧

优质的涪陵榨菜颜色应为黄褐色,表面起皱,捏起来很柔软,富有弹性。劣质的榨菜颜色发白且非常硬。

涪陵榨菜头

必享典故

清朝光绪年间,涪陵人邱寿安在湖北宜昌开设"荣生昌"酱园。酱园的伙计邓炳成选用肉厚质嫩的青菜头做原料,让风吹至半干,加盐揉搓腌渍,然后再用木榨榨干盐水和菜中酸水,再放上作料,装坛密封。这种用木榨加工的菜,就取名为"榨菜"。由于它具有脆、嫩、鲜、香的独特风味,大受群众欢迎。起初邱家严格保密,获利甚厚。后来腌制方法逐渐传开,"涪陵榨菜"名声大振,至今未衰。

必购正宗地

重庆各大超市均可买到正宗商品,如重百超市、新世纪超市、人人乐超市、沃尔玛超市等。

必知价格

每包一般3~5元。

四川特产

  四川地处四川盆地,气候温和,物产丰富,号称天府之国。其地民众勤劳忠厚,个性鲜明,且心灵手巧,故地方特产极多,风格独特,是很理想的购物地点。

  其著名的特产有成都蜀锦、蜀绣、五粮液、泸州老窖、剑南春、绵竹年画等。

蜀锦

必购特产

蜀锦原指四川生产的彩锦，以成都为织锦中心，后成为四川各地所产锦类的通称，多用染色的熟丝线织成。蜀锦因其历史悠久、工艺独特，与南京的云锦、苏州的宋锦、广西的壮锦一起，并称为中国的四大名锦。

必知鉴赏技巧

蜀锦为真蚕丝织品，从锦边上找一点多余的线，点燃，有焦头发味的是真丝，冒黑烟且气味刺鼻难闻的是化工合成纤维。蜀锦的品种繁多，传统品种有雨丝锦、方方锦、铺地锦、散花锦、浣花锦、民族锦、彩晕锦等。

蜀锦机

必享典故

蜀锦在先秦时期已经产生了。秦汉时，有很大的发展，织锦业很盛。因此，汉朝时朝廷在成都设有专管织锦的官员，成都诚称为"锦官城"，简称"锦城"；而环绕成都的府河，也因民众在其中洗濯蜀锦而得名"锦江"。当时蜀锦畅销全国，并通过南、北丝绸之路远销印度和西域。魏晋至元明时期，蜀锦的品种更多。清代蜀锦业受江南织锦的影响很大。

**必购正宗地**

成都东大街的新送仙桥艺术城、青羊宫的老送仙桥艺术城、锦宫城百货、琴台路、锦里的蜀锦工艺店、文殊坊。

**必知价格**

按大小和做功，每件50~4000元，一条围巾50~70元。

蜀 绣

蜀绣布鞋

蜀绣又称川绣,起源于川西民间,与苏绣、湘绣和粤绣,合称为四大名绣。其产地主要集中于成都、重庆、温江、郫县等地。蜀绣和蜀锦一起被称为"蜀中之宝"。

蜀绣的品种有衣锦纹满绣、蜀笺蜀绣绣画合一的线条绣、精巧细腻的双面绣,以及当今的巨幅条屏等。北京人民大会堂四川厅的巨幅"芙蓉鲤鱼"座屏和蜀绣名品"蜀宫乐女演乐图"挂屏、双面异色的"水草鲤鱼"座屏、"大小熊猫"座屏,就是蜀绣中的代表作。

必享典故

蜀绣在先秦时期已经存在。其最早记载于汉杨雄的《蜀都赋》:"锦布绣望,芒芒兮无幅。"汉代的蜀绣很贵,主要供皇室使用。宋代文献称蜀绣技法"穷工极巧"。当时花草禽鸟之绣非常有名,"能灭去针线痕迹",直称"针神"。清朝时蜀绣的产品主要是官服、礼品、日用花衣、边花、嫁妆、彩帐和条屏等。清末,张洪兴等名家绣制的动物四联屏获巴拿马赛会金质奖章。

蜀绣以软缎、彩丝为主要原料,至少有100种以上精巧的针法绣技,晕针、纱针、点针、覆盖针等都是十分独特而精湛的技法。蜀绣也是真蚕丝制品,其线点燃有焦头发味,若冒黑烟且气味刺鼻难闻,则是化工合成纤维。

成都市人民北路一段15号成都蜀绣厂、成都东大街的新送仙桥艺术城、青羊宫的老送仙桥艺术城、锦宫城百货、锦里的蜀锦工艺店、文殊坊等。

按大小和做工,每件数百到数万元不等。

五粮液

必购特产
五粮液为大曲浓香型白酒，产于四川宜宾市，用小麦、大米、玉米、高粱、糯米5种粮食发酵酿制而成，在中国浓香型酒中独树一帜。五粮液已有千年的历史，现在由宜宾五粮液集团有限公司酿制。

必知鉴赏技巧
假五粮液商标印刷粗糙，"五粮液"三个字笔画有断裂；从酒瓶上看，真品玻璃系用高白料或普通白料制成，造型典雅，玻璃白净、透明，假酒酒瓶粗糙，有褶痕、气泡；假盖色泽发暗，光洁度差，盖上所印的字与塑料之间附着力很差，瓶盖也无法旋紧，可以旋转。

必购正宗地
四川省宜宾五粮液集团有限公司（0831-3565575）以及全国各地的分销店。

五粮液

必享典故
宜宾自古以来就是一个多民族杂居的地区，盛行酿酒。南北朝时期，彝族人采用小麦、青稞、大米等粮食混合酿制了一种咂酒。唐代时戎州官坊用四种粮食酿制了一种"春酒"，很有名气。宋代宜宾姚氏家族私坊采用大豆、大米、高粱、糯米、荞子五种粮食酿造的"姚子雪曲"，是五粮液最成熟的雏形。到明朝初年，宜宾人陈氏继承了姚氏产业，总结出陈氏秘方。五粮液就是用的"陈氏秘方"。后由晚清举人杨惠泉改名为"五粮液"。

必知价格
52度五粮液1瓶600~1500元。

187 四川特产

泸州老窖

必购特产 泸州老窖是中国浓香型白酒的发源地。始于1573年的1573国宝窖池群，现在还在使用。泸州老窖特曲在1915年获巴拿马万国博览会金奖，在1952年中国首届评酒会上被国家确定为浓香型白酒的典型代表，是唯一蝉联五届"中国名酒"的浓香型白酒。

必知鉴赏技巧 红高粱、曲、水是酿造泸州老窖酒的原料"三绝"。泸州特产糯红高粱，穗大而籽粒丰硕沉淀，皮薄红润、颗粒饱满，利于出酒和糊化。泸州老窖"久香牌"大曲药，由"制曲之父"，元代的郭怀玉所创，被称为"天下第一曲"。泸州老窖用的龙泉井水，清洌甘甜，有利于糖化和发酵。

泸州老窖窖池

必享典故 泸州老窖酒业始于秦汉，兴于唐宋，盛于明清。其中泸州老窖集团是享誉海内外的百年中华老字号名酒企业，是在明清36家古老酿酒作坊群的基础上发展起来的。泸州老窖酒是国家领导人毛泽东、周恩来、邓小平等最喜欢的白酒，经常用于国宴招待外宾。

 **必购正宗地** 泸州市龙马潭区南光路泸州老窖广场泸州老窖股份有限公司及其各经销店。

 **必知价格** 泸州老窖有多个系列，每瓶价格100~1300元。婚庆酒一瓶约100元，百年泸州老窖窖龄30年52度白酒一瓶308元，52度国窖1573一瓶1179元。

剑南春

剑南春产于四川绵竹；绵竹又位于剑山之南，且唐代时人们以"春"名酒，故名剑南春。剑南春是以高粱、大米、糯米、小麦、玉米为原料，加玉妃泉之水酿造的优质白酒。在1979年第一届全国评酒会上，剑南春被评为全国八大名酒之一。

瓶盖鉴别：盖子上部标有"中国四川绵竹剑南春酒厂出品"的红色字样，中部标有"中国名酒"字样，英文字以下为断裂线。封签鉴别：封签为绿色，整齐美观、印刷清晰，落款为绿色篆体字"四川绵竹剑南春酒厂"。质量鉴别：剑南春酒属于浓香型，瓶盖一开，香飘满室，没有强烈的刺激，回味香甜；假酒一般都没有香气或香不浓，透明度差。

剑南春酒

必享典故

早在唐代武德年间，"剑南之烧春"就是绵竹产的名酒。相传李白为喝此美酒，曾在这里把皮袄卖掉买酒痛饮，留下"士解金貂"、"解貂赎酒"的佳话。

宋代，绵竹"鹅黄"和"蜜酒"很有名。其中"蜜酒"被作为独特的酿酒法收入李保的《续北山酒经》。北宋苏轼称赞这种蜜酒"三日开瓮香满城"，"甘露微浊醍醐清"。清朝时，绵竹酿酒作坊有上百家，著名大曲坊有十几家。

正宗专卖店如绵阳长虹大道中段4号)、江油市诗仙路中段工会楼下、成都市锦里西路32号附3号、青羊区万和路11号附3号等。

剑南春酒有多个品种，每瓶价格300~1500元。

189 四川特产

绵竹年画

绵竹年画又称绵竹木版年画，与天津杨柳青、山东潍坊杨家埠、苏州桃花坞等年画齐名，为中国四大年画，流行于中国西南，有"四川三宝"、"绵竹三绝"之美誉。

绵竹年画分红货、黑货两大类。红货指彩绘年画，包括门画、斗方、画条。门画供贴大门、厅门、房门、灶门之用。门神是绵竹传统年画的主要品种。黑货，是指以烟墨或朱砂拓印的木版拓片，多为山水、花鸟、神像及名人字画，此类以中堂、条屏居多。

看色彩的处理，其基本色有黄丹、佛青、桃红、草绿等四色；看绘制风格，线版在绵竹年画中只起轮廓作用，最后完成全部靠手工彩绘。

绵竹年画展示馆

必享典故

绵竹木版年画的起源受到汉代画像砖艺术的影响。唐代出现了最早的宗教木版年画。宋代，四川是中国四大印刷中心之一，木版印刷已成熟，印刷精美。以成都为中心的附近各县都有生产年画的作坊。在明代，绵竹年画已流行到泸州以及陕西蒲城地区。清代，绵竹年画刻版、敷彩都达到较高水平，广贩外地。当时的年画作坊遍布城区和板桥、新市、清道、遵道、拱星，有300余家。

绵竹锦艺堂年画公司是绵竹年画的品牌厂家直销店，请放心购买。

绵竹年画价格从几元到万元不等。

贵州特产

  贵州旧属夜郎国,重重大山将这里与外界隔离,形成不受外界纷扰的世外桃源。这里民风淳朴、热情。其特产充满地方特色,深受旅游者的喜爱。

  贵州与婉约秀丽的江南、豪情万丈的塞北、原始狂野的高原相比,别有风味。在这片土地上,孕育出国酒茅台、安顺蜡染、苗族银饰、大方漆器、潘拿摩簸箕画、黄平泥哨、芦笙等众多代表产物。

茅台酒

必购特产 　在中国的八大名酒中，贵州的茅台酒名列榜首。它拥有悠久的酿造历史，独特的酿造工艺，以及深厚的酿造文化，是与苏格兰威士忌、法国科捏克白兰地齐名的世界三大蒸馏名酒之一，被誉为我国的"国酒"。

　　茅台酒以优质高粱为原料，用小麦制作高温酒曲。其酿制要经过两次下料、九次蒸煮、八次摊晾加曲（发酵七次）、七次取酒，生产周期长达八九个月之久。

必知鉴赏技巧 　茅台酒的感官指标是酒液无色透明，饮时醇香回甜，没有悬浮物及沉淀，酒香突出，幽雅细腻，酒体醇厚，回味悠长，空杯留香持久，经久不散。假"茅台"多用高粱酒、白干酒、配制酒等冒充，很难具有茅台酒的色、香、味特点。

贵州茅台镇

必享典故

　1915年，茅台酒一举夺得巴拿马万国博览会金奖，留下一段"怒掷酒瓶震国威"的传奇。但茅台酒最令人称道的故事，却是它在新中国建立后的一段段外交佳话。从周恩来总理在日内瓦会议的宴席上的各国代表、新闻记者、国际友人，到电影艺术大师卓别林的"真正的男子汉喝的美酒"，"铁娘子"撒切尔夫人的酒醉人民大会堂，金日成将军的电报买酒等，无不显示茅台酒独特的魅力与传说。

必购正宗地 　茅台酒是仁怀市茅台镇的特产，茅台酒厂也建于此，这里有中国"酒都"之称。镇上有多家出售茅台酒的企业与店铺。

必知价格 　随着近些年藏酒热的兴起，窖藏的陈年茅台叫价早已超过十万甚至百万，而新出产的茅台酒要价也在一千元以上。

安顺蜡染

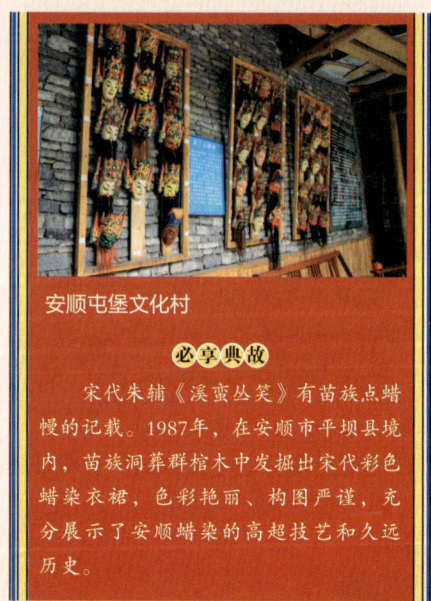

安顺屯堡文化村

必购特产

安顺蜡染具有悠久的历史和丰厚的民族文化底蕴，被国内外专家学者誉为"东方第一染"，距今已有两千多年，是国家级非物质文化遗产保护技艺之一。

蜡染是贵州安顺一带苗族、布依族等少数民族传统的染布技艺。其染制过程全由人工进行。首先是在传统土布上用蜡刀蘸上融化的黄蜡描出各种图案。其次将画好图案的土布加入到含有靛蓝染液的染缸中，待土布完全染上色后再加温煮化蜡块，最后拿出漂洗晾干方可成功。

必享典故

宋代朱辅《溪蛮丛笑》有苗族点蜡幔的记载。1987年，在安顺市平坝县境内，苗族洞葬群棺木中发掘出宋代彩色蜡染衣裙，色彩艳丽、构图严谨，充分展示了安顺蜡染的高超技艺和久远历史。

必知鉴赏技巧

蜡染极易与仿蜡染布相混淆，因此有些商家会将仿蜡染充作蜡染布出售。工艺上，仿蜡染是将坯布上的图案缝扎和折叠，使染液渗透而呈现出图案的。因此，仿蜡染布上的色纹比蜡染布粗并有朦胧感，而蜡染布的色纹分布广而细腻。此外，由于蜡染所使用的染料是纯天然染料，因而亲肤性极佳，并且散发着一股独特的清香。

必购正宗地

在距离黄果树瀑布不远的石头寨，依托黄果树瀑布旅游区的优势，其蜡染制品在游客中有口皆碑。另外在安顺市西秀区附近的民族村寨也有多家蜡染作坊。

必知价格

一般蜡染画布的颜色较为丰富，一幅大约20元；而蜡染土布由于工艺较为复杂费时，一幅小件作品就可要价20~40元；如果是民间工艺大师的作品，价格就比较贵了，一般为400~800元一幅。

苗族银饰

必购特产

贵州是我国苗族最大的聚居省份。苗族酷爱银器，尤其是银质饰品。其头饰、胸颈饰、手饰、衣饰、背饰、腰坠饰品、脚饰，应有尽有。

苗族的饰品多以苗族民间传说神话故事为题材，其图案千奇百怪，想象丰富，做工精细，堪称民族银器饰品一绝。

必知鉴赏技巧

一看颜色，纯度愈高，银色愈洁白；如果含铅，首饰会呈现出青灰色。二掂重量，白银密度较一般常见金属略大。三查硬度，白银硬度较铜低，而较铅、锡大。四听声韵，纯银首饰饰品掷地有声，无弹力，若为铜质，其声更高且尖。

必享典故

进入苗族社会的银饰决不单纯表现为某个民族专有的艺术形态，而是一个不折不扣的混合体。苗族银饰以其多样的品种、奇美的造型和精巧的工艺，不仅向人们呈现了一个瑰丽多彩的艺术世界，而且也展示出一个有着丰富内涵的精神世界。

唱"拦路歌"的苗族姑娘

必购正宗地

黔东南雷山县的西江千户寨素有"银饰之乡"之称。这里的苗族银饰全为手工打造。

必知价格

如果是小件饰品，如手镯一类的，价钱不算太高，大约为100元；而一整套的苗族姑娘出嫁制品，往往会要价高达数万元。

大方漆器

大方漆器与茅台酒、玉屏箫笛并称"贵州三宝",是贵州传统的民族工艺美术品。明清时期,就被选作贡品上京供皇家使用。大方漆器作为装饰品,可陈设于书斋、客厅,添加一份古色古香的雅致。此外,大方漆器也生产碗、杯、盘、罐、盆、壶等生活用具,具有不导热、不串味、不漏水、耐酸碱等特性。

秦代彩绘凤鱼纹漆盂

必享典故

大方县素有"漆国之乡"之称,栽培漆树的历史已有100多年。其生产的生漆以产量多,品质好而扬名海内外。大方漆器工艺高超,在明清时期曾作为贡品进贡给朝廷。在1915年的巴拿马万国博览会上曾获得过银质奖。

大方漆器艺人巧妙地将各种花纹隐衬在漆质和胚胎之间,若隐若现,装饰自然,细腻纤巧。这种隐花工艺,是大方漆器与其他漆器的主要区别。

贵阳市的黔宝阁等。

一尊高26厘米,底座直径11厘米的大方漆器梅花瓶价钱在100元左右,而大方漆器手镯大概需50元。

播娜摩簸箕画

必购特产   播娜摩簸箕画，为贵州少数民族的农民画。播娜摩，布依族语，指雄踞郊外的云雾山。一个个寻常的农家常用簸箕，经生花妙笔将花草虫鱼、飞禽走兽、日月山川、神话传说、人间趣事等绘制上去便成为一件件古朴典雅的艺术品。它洋溢着浓郁的乡情，极富民族特色。

必知鉴赏技巧   当地少数民族用夸张、变形的手法，用画笔在簸箕上描绘出各种花鸟鱼虫、人物、风景、民间传说、神话故事、风土人情等画面，将生活、生产提升到艺术，又以艺术的形式还原于生活，让人们感受劳动之美，这是簸箕画最真实的本质。

布依族服饰

必享典故

播娜摩簸箕画，最早产生于乌当区新堡乡的布依村寨——渡寨。古时候的布依族人，用簸箕来盛放糍粑。他们将打好的糍粑捏成各种形状，如人物、动物、花卉等，放在簸箕里，然后再撒上颜色，最后取出糍粑，在簸箕里就留下了好看的图案。这就是最初始的簸箕画。随着时代的变迁，簸箕画也随之不断演变。其画风和手法也越来越新颖。

 **必购正宗地**   乌当新堡渡寨，是贵州省的"中华布依历史文化村"。

 **必知价格**   一幅30~50元。

黄平泥哨

必购特产

黄平泥哨当地人叫"泥叫叫",是流行于苗、侗等少数民族的一种民间玩具,是平县苗族民间泥塑艺人吴国清在传统泥俑、陶俑基础上,创新发展起来的小型彩塑泥捏,至今已有70余年历史。

其制作方法是以当地优质黄泥做基本原料,通过纯手工艺搓捏成型、木屑煅烧、上色涂油等多道工序制作而成。其题材广泛,有飞鸟走兽、蝶虫蛙鱼、家禽六畜等;色彩一般以黑底点红绿为主,兼杂黄白蓝等色。

必知鉴赏技巧

与别的泥塑作品不同的是,泥哨造型注重动物头部特征,强调神似形略,形成夸张、变形的艺术风格。其尾部下端有一个吹气孔和一个回气孔,两孔约成35度角,能吹出清脆悦耳的声音。黄平泥哨的另一个突出特征是丰富、艳丽的色彩,象征着苗族人民丰富多彩的生活。

必享典故

黄平泥哨为苗族老人吴国清首创,以黏土为原料揉打掐捏,制成鸟、兽、虫、鱼等多种动物形状,中空留孔可以吹响。泥坯入窑煅烧后涂色,形象夸张,色彩鲜明,深受儿童喜爱。

黄平苗寨

必购正宗地

除了在黄平可以买到上好的泥哨外,在贵阳的黔艺宝、黔粹行均有出售。

必知价格

一个大约45元。

芦笙

芦笙在苗语中又称为嘎斗、嘎杰、嘎东、嘎正,是苗家人在逢年过节时,举办的各式各样的芦笙会时必不可少的乐器。早在南宋时期,芦笙的前身卢沙就见于文献记载中。芦笙这个名字开始于明代文献。钱古训《百夷传》:"村甸间击大鼓,吹芦笙,舞干为宴。"

芦笙是一种竹木制管簧乐器,由笙斗、笙管和共鸣管构成。

选购芦笙主要看笙斗、笙管和共鸣管的选材与工艺如何。笙斗又称气箱,以杉木制作的最佳。其纹理顺直、质地松软,少疤节。笙管应为生长三年以上的白竹,其竹质坚韧、表面光滑。簧片最好用响铜制作,吹出的声音清脆响亮。共鸣管是选用毛竹制作的。

苗族芦笙会

必享典故

芦笙在苗族青年的恋爱生活中占有重要地位。对于苗家男子来说,当他们遇到心爱的女孩的时候,芦笙就是他们的红娘,是他们倾诉爱慕之情的美妙语言。

苗族认为芦笙是始祖母创造出来的,芦笙的声音就是母亲的声音。千百年来,芦笙以它动人的乐音成为苗族同胞精神上的一种凝聚。芦笙场上,如果哪个小伙子的芦笙吹得好,就会赢得姑娘们的欢心。几乎每一个苗族家庭都有一到两把芦笙。

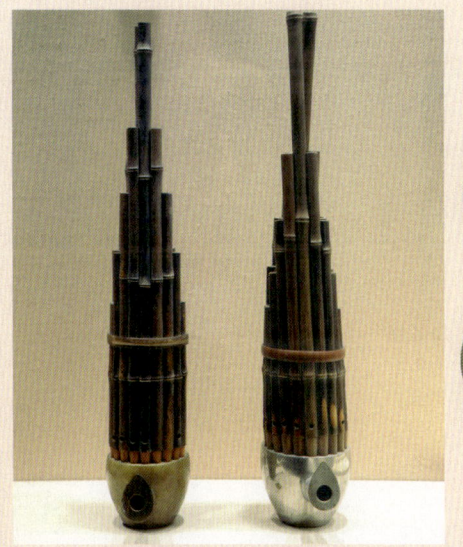

贵州省雷山县丹江镇排卡村被誉为"芦笙制作第一村"。村中家家户户都会制作芦笙。

由制作材料、工艺决定芦笙价钱的高低。莫老制作的芦笙一般一只至少需要2000元。普通芦笙一只大约为400元。

云南特产

　　云南地处我国西南边陲，是云贵高原的组成部分。其地势西高东低，是典型的低纬度高原，海拔落差大，具有丰富的地理资源与多样气候特点。这些独特的地理环境孕育出云南独特的地方文化，各民族风情在这里相互交融，构成别具一格的地方风情画面。

　　云南的特产个性独特，种类多样，充分展现了云南26个世居少数民族的生活风貌。

普洱茶

提到云南特产，首推普洱茶。它因产自云南普洱市而得名，为黑茶类的一种。普洱茶非常耐泡，用盖碗或紫砂壶冲泡，最多可以泡20次以上。

普洱茶是以云南省一定区域内的云南大叶种晒青毛茶为原料，经过后发酵加工而成的散茶和紧压茶。其主要产于云南省的西双版纳地区，是十分理想的送礼佳品。

优质的云南普洱茶陈香显露，无异味、杂味，表面呈棕红色或棕褐色，条索完整肥壮，茶叶断碎少；泡出的汤色红浓明亮，汤面上有一层油珠形成的膜。

云南普洱茶园

必享典故

普洱茶的诞生是一个美丽的"错误"。当地产的普洱茶主要销往外地。为了便于运输与存放，茶农们就将生茶蒸熟压紧制成茶饼，交给马帮运到全国各地。经过长时间的行走，这些茶饼经受了一路的风吹、日晒、雨淋，发生了神奇的变化。等到目的地的时候，人们打开茶叶，发现这些饱受风霜的茶叶不仅没有变坏，反而散发出一股浓烈的香气，令人心旷神怡。这便是普洱茶最初诞生的原因。

西双版纳、思茅、勐海、普洱等地自古就是普洱茶最大的产地，生活在这里的哈尼人家都以种茶为生。在普洱市老街上，很多人家以家庭为单位制茶售茶，均可购买到正宗的普洱茶。其实随着工业化的应用和交通的发达，在全国各地都能买得到普洱茶。

一块普洱茶的茶砖（约100克）从100元到1000元不等。

斑铜

斑铜是云南特有的民间传统工艺品，始创于明末清初，因其表面有离奇、闪耀的结晶斑纹而得名。

斑铜工艺复杂，它不仅在造型上集成和发扬了传统特色，还吸收了云南青铜和中原青铜文化的宝贵艺术营养，并结合现代雕塑手法和先进工艺，在充分显示斑花特色的前提下辅以简洁洗练的装饰图案，使其达到艺术和完美的统一。

斑铜工艺品"妙在有斑，贵在浑厚"，所以好的斑铜表面会均匀地布满黄白交灿、富于立体感的晶斑，拿在手中有沉重感。

斑铜观音像

必享典故

云南斑铜工艺距今已有300多年的历史，被誉为"中华一绝"。其"形式古雅，远近购者珍之"。明清时期，云南的斑铜就是上贡朝廷的珍品。在1921年的巴拿马国际博览会上，由会泽张氏制作的斑铜鼎令国际艺术界大为震惊，获得银奖。如今，在人民大会堂的云南厅里，斑铜作为云南的代表产物，向各国政要展现它隽永的魅力。

全国仅昆明市有斑铜加工工厂，其位于昆明市五华区王家桥附近的东泉斑铜工艺品店。

价钱较贵，一般小件的都不低于500元，大件的要价更可高达上万元。

大理扎染布

扎染是大理白族与彝族人民的传统手工产品，来源于1000多年前的中原地区。大理的扎染以当地生长的板蓝根为染料，把原色白布根据不同的要求扎成"八卦图"、"蝴蝶"、"三塔倒影"、"梅花"等花样，放到染缸中冷染十余次后捞出，松开扎线展开，就可以得到蓝底白花的图案了。

在过去，扎染布只有蓝白两色品种，而且面料只有棉布，产品种类单一。但如今随着技术的发展与进步，人们已经能够买到各种颜色、面料的扎染布。

纯天然的手工扎染布是用纯棉布、丝绸、麻纱、金丝绒、灯芯绒等做面料，触感轻柔自然。其纤维燃烧后不会产生臭焦味，而且因为是以板蓝根为染料，棉布上会有一股淡淡的板蓝根药香。

大理白族扎染

必享典故

扎染，古时候叫杂花布或叫绞缬染，原是中原地区的染织技术。据史料记载，早在秦汉时期，中原人就已经成功掌握了这门复杂的技术。盛唐时，因为中央政府的开放边民政策，扎染技术也走出中原地区，甚至远飘至日本、印度、东南亚等地。宋朝时，因扎染制作复杂，耗费大量人工，宋仁宗下令严禁扎染物品民用，把它作为宫廷专用品，从而导致中原扎染工艺的衰落，以至消失。但当时作为附属国的大理却保留下了这一古老的技艺。

大理周城位于蝴蝶泉边，是大理的扎染之乡，在这里几乎家家户户都制作和出售扎染制品。

用天然染料染制的扎染布，价钱相对较高。根据制作工艺的差别，价钱在20~10 000元。

建水紫陶

建水紫陶是建水县的民间传统工艺品，其制作时间已有600多年了。在1953年的全国民间工艺品展览会上，其与江苏宜兴陶、广东石湾陶、四川荣昌陶并列为我国四大名陶。

建水陶种类多样，有瓶、盆、盘、碟、碗、壶、乐器等100多种。云南名小吃"汽锅鸡"所使用的炊具就是建水紫陶。建水陶采用当地独有的五色陶土为地坯烧制，经过书画、雕刻、填刮、烧炼、磨光等多道工序制作而成。

建水紫陶所使用的陶土含铁量高，故而制作出来的陶器硬度高、强度大，表面有金属质感，叩之声如洪钟。且由于坯土制作工艺的特殊，一般不生产大件产品，但却可以在器物表面做细微雕刻填泥（阴刻阳填）和无釉磨光的特殊工艺，使得陶器精美细腻。

建水紫陶茶具

必享典故

建水紫陶作为我国民间陶瓷精品，尤其是名家的作品，受到很多人的追捧。其中向逢春先生制作的陶器更是有"向氏紫陶，价同黄金"的美誉。他制作的紫陶在1921年时作为中国工艺的代表，获得了巴拿马万国博览会美术奖。

在2010年的上海世博会上，建水紫陶因其深厚的文化底蕴和独特的艺术价值，被选为云南省的特色产品参展。

建水制陶的名家有许多，主要在昆明营业，但他们的作品较少，一般不易购买，且价钱昂贵。

名家作品的价钱一般过千甚至上万，而作为旅游纪念品，可以购买一些普通的商品，一般几十元到几百元不等。

宣威火腿

宣威火腿是云南的著名特产，与浙江金华火腿、江西安抚火腿并称中国三大火腿，是云南省的地理标志保护产品，入选《国家级非物质文化遗产名录》。它自古就以其独特风味风靡全国，甚至在东南亚、日本、欧美等地也十分有名。

在宣威一带，农村人家过年会宰杀生猪，同时把刚砍下的新鲜猪腿用本地产的井盐腌制，并将其发酵风干晾晒在自家屋檐下；过了两三年后，就变成美味的宣威火腿了。

宣威火腿标志为塑料环扣，像块手表，"表"的正面是16位防伪码，印有"宣威火腿鲜腿检疫合格"、"宣威市畜牧兽医局"监制字样。这个标志也被称为宣威火腿原料的"出生证"。

宣威火腿

宣威火腿早在1915年的巴拿马万国博览会上就获得了金质奖，是我国最早走出国门的名特食品之一。1923年，广州举办全国各地食品比赛，宣威大商人浦在廷先生旗下的"大有恒公司"所产的宣威火腿获得各界好评。在这次比赛上，孙中山先生也品尝了宣威火腿，觉得它色泽鲜艳，肉质细嫩甜美，香气浓郁，久食而不腻，对其赞赏有加，还留下了"饮和食德"的题词。从此宣威火腿名声大振，畅销海内外。

在云南的各大超市，都有正宗宣威火腿出售。

500~800元/一条腿；60~80元/500克。

腾冲玉器

必购特产

腾冲是西南最大的玉石市场，这里的玉石贸易已有500多年的历史。从缅甸等地运过来的翡翠玉石在这里集散、加工，使得腾冲成为远近闻名的"玉石之城"。腾冲的玉器主要以缅甸玉石（即翡翠）为原料，其品种繁多，包括手镯、簪花、观音、佛像、饰品等。

其实腾冲本地并不产玉，但其地理位置十分优越，与缅甸主产翡翠的克钦邦首府密支那只有217公里的距离。在很长一段时间，腾冲几乎成了缅甸玉进入中国的唯一通道。因此许多玉石工匠、商人聚集于此，形成腾冲丰富的玉石文化。

必知鉴赏技巧

腾冲真玉色彩自然盈翠，内在透明度高；假玉一般没有水头，表面花纹均匀，色泽呈绿中偏蓝，并且外观的抛光度高。

腾冲玉器商城

必享典故

虽然我国的玉石历史非常久远，但作为硬玉代表的缅甸玉（即翡翠），却是直到元末明初才输入我国的。根据考古资料，英国历史学家李约瑟认为，直到18世纪硬玉才从缅甸传入我国。而一般专家也认为，我国真正出现翡翠是在明代以后。到了清朝，由于硬玉翡翠受到清王朝当政者，尤其是慈禧太后的喜爱，翡翠身价大涨，成为玉石之王。

必购正宗地

腾冲县的"腾越珠宝"是腾冲最大的翡翠市场，拥有许多家独立的玉石店铺；此外腾冲县的和顺古城也有多家玉石店铺，可以边领略古镇魅力，边买些纪念品。

必知价格

根据拍卖行的记录，高档的翡翠单件过百万的，不胜枚举。在腾冲的玉石市场上，可接受的价位一般是几百元到几万元。

葫芦丝

必购特产

葫芦丝，也叫葫芦箫，是云南独有的少数民族乐器，傣语称"筚朗叨"。其主要在滇西一带的傣族、佤族、德昂族、布朗族、彝族等少数民族之间流行，富有浓郁的地方色彩。

葫芦丝属于簧管类乐器，它是用半截小葫芦作为音箱，上面用两根或三根长短不一的竹管作为连接音箱与吹嘴的音管，中间较长较粗的竹管是主音管。吹奏的旋律优美。

必知鉴赏技巧

首先作为气箱的葫芦，要选择颜色发黄、皮厚结实的成熟葫芦；竹管的好坏直接影响葫芦丝的音色，一般好的葫芦丝是用紫竹做的，其竹质细密老成，点在手上感到有些沉重；簧片的判断只能通过试奏来感觉簧片振动是否与主管耦合。最后是音准的鉴别，先吹一下低音的3，吹响后再吹中音6。如果两个都响，且音色干净无杂音，则问题不大。

云南傣族竹楼

必享典故

据说古时勐养江畔，住着一位傣家少年小卜冒。一天，山洪暴发，把小卜冒的恋人困在勐养江对岸。为了救出心上人，小卜冒勇敢地抱起一个大葫芦，拟渡过湍急的勐养江。慈悲的佛祖便折下三根竹管插入金葫芦，送给小卜冒。小卜冒用金葫芦吹出美妙的乐声。瞬间，原先暴怒的洪水就变得平静如波，鲜花盛开，孔雀开屏。从此，葫芦丝就在梁河县勐养傣家传承下来，并逐渐流传扩大到德宏和其他民族。

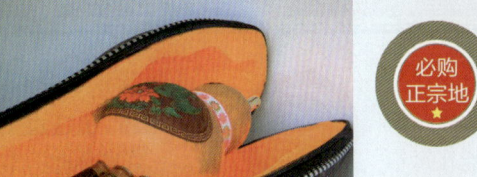
必购正宗地

德宏州梁河县勐养坝的帮盖村。另外，位于昆明市航空小区的"云南筚郎民族乐器"的产品，也较为正宗。

必知价格

用真葫芦做出的葫芦丝价钱为一个150~350元。

香格里拉松茸

必购特产

在中央电视台播出的纪录片《舌尖上的中国》里,第一个说的食材便是云南香格里拉县的野生松茸。其以独特的魅力征服了挑嘴的食客。

松茸,也叫松菌,学名松口蘑,别名大花菌、剥皮菌,在纳西语中叫做"裕茂萝",是名贵的天然菌类山珍。其营养丰富,含有大量的粗蛋白、粗脂肪、粗纤维以及维生素群,具有益肠胃、理气化痰等多种奇特疗效,是十分理想的保健食品。

必知鉴赏技巧

野生松茸脚帽匀称光滑,菌盖呈褐色且纹路清晰,其气味清香自然。

必享典故

在欧洲、日本等地,松茸经常被当做高级食材摆上餐桌。在日本还有"海中鲱鱼子,地上好松茸"一说。20世纪80年代,一个日本观光团在香格里拉旅游,偶然间发现路边有些藏民在叫卖松茸,令他们极为振奋(在日本松茸产量极低)。从此生长在中国神山的松茸身价翻倍,东渡日本。

香格里拉美女画像

必购正宗地

新鲜的香格里拉野生松茸只能在产地购买。另外,新鲜松茸对时令要求很高,只能在每年雨水最强的时候才有供应。在丽江市、香格里拉、昆明等各大旅游城市的民族风情商场内均可买得到。

必知价格

松茸根据品相与品质的高低不同,价钱也不一样。新鲜的高品质松茸一个可卖到几百元以上。干货松茸的价钱一般为100~300元/500克。

独龙毯

独龙毯是独龙族人传统的手工艺品，也是独龙族服饰的象征。一直以来，独龙族都有披裹麻布的习俗，即使现在独龙族的穿着已经逐渐与汉族同化，但他们仍然会在外面披上一身精美的独龙毯。

独龙毯的制作十分复杂，最初只使用麻线制作。麻经过独龙族女子剥皮、浸泡、翻煮、晾晒多道工序捻成麻线，再用简单的腰织机织成。一般织出的麻毯长约20厘米，最后将数幅连缀成片即成披毯。

独龙毯的原材料与染料是天然制品，不含任何人工化学添加剂，因此可通过手感、嗅觉等多种手段判断。

必享典故

在纺织制技术传到独龙族部落之前，独龙人常以兽皮、树叶御寒遮羞。随着与汉族交流的加深，独龙族人学会以麻皮、火草等野生植物为原料捻线，再用植物熬煮出的汁水将其染成彩线，织出精美的独龙毯。在独龙语里，独龙毯叫"约多"，是独龙族的服饰符号。他们不论男女，都会披裹独龙毯。

独龙族服饰

 在怒江和贡山县城都有手工织成的独龙毯出售。

 约300元一条。

醉美小吃

文山三七

必购特产

三七也叫田七，是名贵的中药材。三七属五加科多年生草本植物，因每株生有三个叶柄，每个叶柄上生有七片叶，故名三七。三七播种后三至七年方可采挖，其茎、叶、花均可入药，具有散瘀止血、消肿定痛的功效。

云南文山是我国三七最主要产地，全国大部分的三七来自于此，特别是该州的砚山、马关、西畴等地，其种植三七的历史至少已有400年。

必知鉴赏技巧

真品三七为五加科植物，表面光滑，呈灰褐色或黄色，体重，质坚实，横切面灰绿色、黄绿色或灰白色，皮部有细小棕色树脂斑点，其味微苦，而后甘甜。伪品三七为姜科植物莪术的干燥茎，经人工雕刻后，类似三七，表面灰黄色，有明显的环状刀口痕，表面附有白色粉末，味道浓厚，刺鼻辛辣。

云南药材三七

必享典故

三七作为一味中药，曾被"药圣"李时珍称为"金不换"。在清代的《本草纲目拾遗》中记载："人参补气第一，三七补血第一，味同而功亦等，故称人参三七，为中药中之最珍贵者。"而扬名中外的中成药"云南白药"和"片仔癀"，即以三七为主要原料制成。

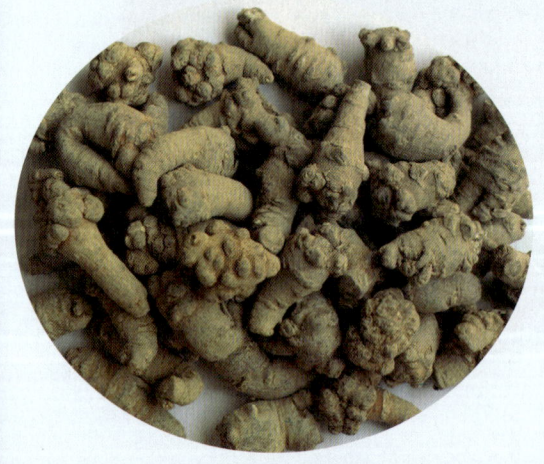

必购正宗地

在文山州的集贸市场、超市等地都有出售。

必知价格

三七的价钱由头数（即三七的生长年数）决定，头数越少，品质越好，价钱也越高，一般10头的三七价钱为300元/500克。

藤 编

**必购特产**　腾冲古代以藤越、藤川为名，乃因其盛产藤条而得名，直到明末清初才转化为现在的"腾"字。在腾冲与缅甸交界之处，生长有一种质地坚韧、色泽光润、手感平滑、弹性极佳的藤条，是上等的天然编织材料。聪慧的腾冲人用此编织出藤椅、藤箱等日常工具。其工艺精巧，古雅大方，置于寒室不觉其奢，布于华堂不觉其陋。

必知鉴赏技巧　辨别藤编制品的好坏可以从藤编的粗细以及颜色、质感上进行观察。好的藤编选料精细，每根藤的粗细大概一致，颜色也均匀，质感平滑，工艺细腻精美。有些店家会用塑料仿制藤编。它们一般质地坚硬，柔韧性较差，颜色也更为浓烈。

清代藤编圆盒

必享典故

在《三国演义》第九十回"驱巨兽六破蛮兵，烧藤甲七擒孟获"中，孟获请来乌戈国的三万藤甲军，屯于桃花渡口。藤甲箭弩不透，刀枪不入，又可当舟船渡河，而蛮兵皆使利刀钢叉，蜀兵如何抵挡，尽皆败走。战况危急，蜀军大将赶紧禀告孔明，细言其事。孔明却笑道："吾明日自有平蛮之策。"后来诸葛亮佯装失败，连弃七个营寨，诱使藤甲军进入盘蛇谷，以火烧藤甲兵大胜。

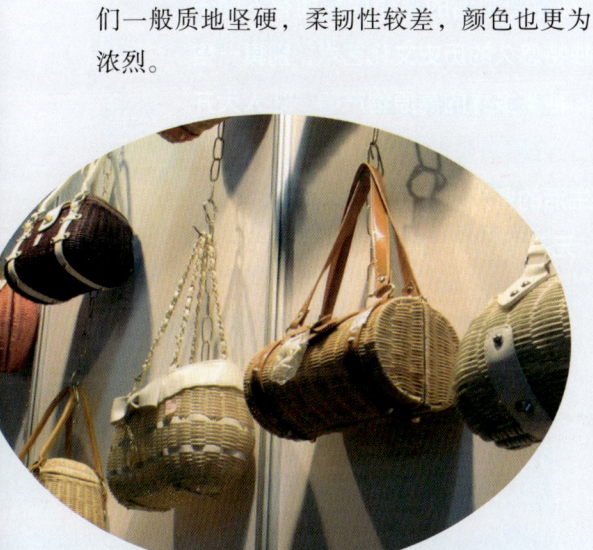

**必购正宗地**　在腾冲县城有多家藤制家具城及工艺品店。

**必知价格**　一般一个竹筐可卖到40元，而藤椅、藤桌等家具一般也需要上百元。

醉美特产

唐卡

必购特产

唐卡，也叫唐嘎、唐喀，是藏语的汉音译，翻译成普通话就是悬挂供奉的彩缎宗教卷轴画。唐卡是最能体现藏族文化的一种绘画艺术形式。其题材涉及藏族历史、文化、社会生活、宗教信仰等方方面面，可以说是藏族历史生活的记录册。

藏画"唐卡"是我国少数民族绘画艺术中富有民族特色的文化遗产之一。其艺术成就在世界画坛独树一帜。

必知鉴赏技巧

唐卡的鉴别手法和判断主要是从题材内容、制作工艺、材料和画工等方面入手。真正的陈年唐卡是经过长时间香火熏染的。其旧色自然，色泽均匀；而造旧的唐卡明显可以看到其颜料还"浮于表面"。

剪贴释迦牟尼佛像唐卡

必享典故

唐卡在藏语里，最初表述的是藏族的一种宇宙观。"唐"是从一个点向无尽的空间放大和扩展；"卡"表示对这个空间进行不断填充，使之充满吉祥美好。根据记载，西藏在七八世纪时就开始绘制唐卡。这除了受印度的宗教影响外，汉族地区的绘画艺术也对其产生重大影响。

绝大多数唐卡表现的是藏传佛教的主题，也有很少一部分表现其他题材，服务于其他内容。其张挂展示的方式也与佛教仪式有莫大关系；收存时有一定的规则。

 **必购正宗地**

拉萨的艺术画廊遍布于各主要旅行景点，特别以布达拉宫正门和拉萨假日酒店对面为最多。

 **必知价格**

唐卡根据制作的年代、画师的影响力、做工等多种因素，其价钱跨度十分巨大，便宜的仅需100多元，而年代久远制作精巧的唐卡卖价可超过20万元。

藏 香

 **必购特产**

藏香在藏族人的生活中具有十分广泛的作用,除了寺庙的祭祀活动外,放在家中还可驱邪除晦。在西藏,尼木藏香闻名遐迩,因其在制作过程中不伤害生物和独特配方而深受欢迎,是西藏最著名的藏香源产地之一。

质量上好的尼木藏香是用藏红花、麝香、藏蔻、檀香木、甘松等几十种名贵藏药香料手工精制而成,因而对杀菌、除气、预防感冒、增强睡眠等有一定的疗效。

 **必知鉴赏技巧**

品质较好的藏香,其香气清新醇和,久闻而不觉得眩晕气躁,反而可以醒脑提神,令人有一种愉悦之感。因为真正的藏香采用纯天然的药材与香料,所以它留香较久,焚出的熏香,能闻到一股淡淡的药材涩味,而烟气浅淡青白或无烟。

拉萨藏香商店

必享典故

说到藏香,就不得不提到吞弥·桑布扎。他不仅根据梵文发明了藏文,还根据藏区的地域特点,将由印度引进的熏香技术进行改进,发明了供奉佛祖的藏香。

相传尼木县的吞八乡吞八村是吞弥·桑布扎的故乡。当年他衣锦还乡后,利用当地丰富的水资源,发明水车将柏木压碾磨制成泥,把这些柏木黄泥晒干后当做制作藏香的原料。

 **必购正宗地**

尼木县吞八乡318国道建有尼木藏香展览馆和销售点。此外,在拉萨的八廓街等地也有正宗的尼木藏香出售。

 **必知价格**

尼木藏香价钱比普通藏香稍贵,320支一盒的纯天然尼木藏香可卖到100元以上。

山南木碗

必购特产

木碗是藏区牧民生活的必需品。藏族人到别人家做客时，一般用自己带的木碗喝茶，盛糌粑，但这并不是一种失礼的行为。在西藏许多地方都出产木碗，但最出名的还是山南地区的木碗。

山南木碗大多以桦树、成巴树的树干、树根为原料，经过风干、制坯、细磨、上色等步骤而成，不加装饰。

必知鉴赏技巧

据当地人介绍，制作木碗的多是尼泊尔工匠，而判断木碗成色好坏时，主要看木纹是否完整，碗形是否正圆。

藏族在新年晚会上表演舞蹈

必享典故

在过去，高级官员随身携带的餐具，是装在碗套里的。这既是一种装饰，又是官阶大小的标志。这样腰边的餐具叫"贾赤布雪"。"贾赤"是汉式小刀，"布雪"是装在缎制碗套里的木碗。每逢各种聚餐的场合，贵族们都毫不犹豫地拔出小刀切割大块的牦牛肉和绵羊肉，掏出木碗啜饮酥油茶或喝碎肉"土巴"。

必购正宗地

普兰县贡嘎路35号与37号之间的小巷子里全是卖木碗的小作坊。

必知价格

工艺精、染色均匀且美观的上档次的木碗可卖到700元，中等的能卖到400元至500元。

贡嘎氆氇（藏毯）

必购特产

氆氇也叫藏毛呢，是藏族人手工生产的一种羊毛织品，既可用来做衣服、毯子、藏靴、金花帽，也可在举行礼仪时作为礼物赠人。相传，氆氇机织的历史已有两千多年。元代时，氆氇已作为贡品传入内地。

氆氇以羊毛为原料，制作方法是先将羊毛弹梳后用纺锤手捻成线，然后用木梭织机织成。一般幅宽20多厘米，颜色有白、黑、蓝、红、赭、青等。其品种很多，分为普通氆氇和细氆氇。

必知鉴赏技巧

传统品种有加翠氆氇、毛花氆氇、棉纱氆氇等。加翠氆氇厚度很像大衣呢，斜纹编织，其纬密特大，每寸（3.3厘米）达230根，具有良好的保湿性能。毛花氆氇为横条织物，其色彩鲜艳，手感良好，质地厚实，平正挺括，经久耐磨，一般用于褐衫的镶边或作藏靴的靴腰。

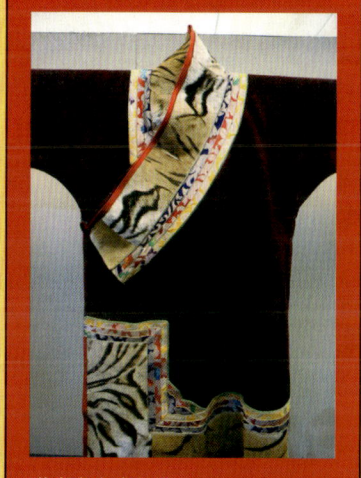

氆氇囊虎皮男袍

必享典故

氆氇来自1000多年前吐蕃时期的"拂庐"。我国古代对其多有记载，如明汤显祖的《邯郸记·大捷》："氆氇登台，绣帽猩蛮带，与中华斗将才。"此外，在他另一部作品《紫钗记·河西款檄》中也有"俺帽结朝霞，袍穿氆氇"的记述。宋应星的《天工开物·褐毡》里说："其氍毹、氆氇等名称，皆华夷各方语所命。"

必购正宗地

现在以西藏拉萨、日喀则、泽当、札囊、江孜和川西的乡城、巴塘等地所产最为著名。

必知价格

制作一身藏装的氆氇，根据材料与做工的不同，需要700~6000元。

藏戏面具

藏戏面具是藏戏表演的工具。藏语发音为"拔"。面具上的图案是与西藏的风土环境、藏民的风俗习惯、宗教信仰紧密相连的，极富当地民族特色。藏戏面具从藏戏形成之初就已经出现。其最早来源当与藏族原始宗教苯波仪式中戴面具的拟兽图腾舞蹈有关。

西藏的面具一般分为"跳神面具"、"悬挂面具"和"藏戏面具"三种。跳神面具是各个寺庙逢重大节日都要举行跳神仪式时，所用的有鬼怪、护法神、仙人、动物等图腾的面具。悬挂面具则主要是各种神的具象，如护法神、吉祥天女、马头明王等。藏戏面具在民间较多，分蓝面具和白面具，根据藏戏剧情有各种人物脸谱，如国王、公主、仙人和妖怪等。

必享典故

藏族面具由来已久，最初来自于图腾崇拜。据《西藏王统记》记载，松赞干布在颁布"十善法典"时，举行了盛大庆祝会，"或饰犀牛或狮虎，或持皮鼓跳神人，以各种姿态献乐舞"。

在布达拉宫浩如烟海的壁画中，有一幅明显是反映汉族和尚头顶着面具，手拿一把折扇进行表演的场面。伴奏的乐器除了藏族传统的鼓钹外，还增加了一面来自内地的铜锣。

藏族羌姆舞面具

 八廓街的小商品市场上就有贩卖。

 一个图腾面具要价10~40元。

哈 达

哈达在藏族的社交活动中占有很重要的位置，有些类似于中原古代汉族的礼帛。每当婚丧嫁娶、节日庆典、乔迁新居、拜师会友时，哈达均担任着极重要的角色。

最常见的藏族哈达是白色的。这是因为藏族有尚白的传统。他们认为白色最能象征人们纯洁的心灵和自己真挚的诚意。但其实藏族哈达也有彩色的。五彩哈达由蓝、白、黄、绿、红五种颜色组成。它们分别象征着蓝天、白云、大地、红水河、护法神，是藏族最珍贵的礼物，只能在特定的情况下使用，是献给最尊敬的人和神明的礼物。

哈达是一种织品，按质量可分成四等：特等内库哈达，一般是用丝、绫、绸等高级织料为原料，边沿会织有长城等图案，面上的织纹为八吉祥徽或吉祥文字；头等阿喜哈达，较特等哈达短一些，质地也较为松散；二等索喜哈达，又次于头等哈达；三等索达哈达，其用料多为麻线，看上去就像加了增白剂的纱布，长度也是最短的。

八思巴佛像

哈达在西藏作为礼品的历史颇为悠久。据史籍记载，八思巴会见元世祖忽必烈后，于至元元年（1264年）返藏时带回一条丝织哈达。哈达上有长城的图案和吉祥如意的字样。此后，其遂成为礼品，流传于藏区。至三世达赖索南嘉措时又传入蒙古族地区。

其实在西藏很多商场、超市都有哈达出售。作为拉萨最发达的商业街，位于拉萨市城关区的八廓街，是许多游客必去的地方。这里的哈达种类齐全，且质量上乘。

由哈达的品质不同，一条价钱在5~20元。

天珠

天珠，也叫天眼珠，是产自喜马拉雅山域的一种稀有宝石。在藏语中，天珠有"美好"、"威德"、"财富"等寓意。藏民认为天珠就是天降石，是上天赐给他们的礼物。

天珠主要产地在西藏、藏东、不丹、锡金、拉答克等喜马拉雅山域，为九眼石页岩，含有玉质及玛瑙成分，为藏密七宝之一。

天珠的主要成分是玛瑙。玛瑙的晶体结构，在时间的作用下，一般会形成风化纹或马蹄纹。老天珠表面会有一层很好的包浆。新天珠是西藏一些厂家或某些人家按照佛教传统的规定生产的，并不算作假。

西藏天珠石

天珠缔造了古老的文明，是藏民族对天神崇拜的圣物，更是作为殊胜的供佛圣物世代相传。天珠承载着日月的精华，生生不息；记载了生命的轮回，证明了大成就者的功德。天珠作为供佛圣物与护身的法器，穿越于人类历史时空。

在拉萨的八廓街有很多贩卖天珠的商店，但如今真正的天然天珠已经非常少了，大部分为假冒仿制品，作为饰品送礼仍是可以的，并不具备保健功效。

根据品质高低与年代，价钱为50~20万元。

雪莲花

必购特产

雪莲花是生长在西藏东北部海拔3500~5000米高山地区的一类菊科植物,藏语称之为"恰果苏巴",学名雪兔子,又叫雪莲、雪荷花、大木花、大拇花等,是举世闻名的珍贵藏药。藏族老百姓又将雪莲花分为雌、雄两种。雌花可以直接

生吃,甜脆爽口,而雄花则略带苦味。在植物学分类上,西藏产的雪莲种类就有30个。

雪莲花全草可入药,可抗菌、降压、震惊、祛风、消炎止痛等,还能清热解毒、通经活络。

必知鉴赏技巧

只有高山严寒之中才有适合雪莲生长的环境,所以野生雪莲花头大,人工种植的雪莲花头小。野生的雪莲由于长期生长在寒冷的高山之上,叶子具有白亮的淡淡的光泽,就算是干制雪莲叶子也比较新鲜,且具有一定光泽;人工养殖的雪莲培育期一般只需2~3年就可以用药,叶子无光泽。野生雪莲根为深褐色,人工种植的雪莲根的颜色要浅得多。

雪莲

必享典故

雪莲主要分布在我国新疆的天山、西藏昌都地区和四川西北部高山上。在青海、云南、甘肃等省区也有其他"雪莲"分布,但植株稍小,像树叶,雪莲花极小,高仅几厘米。花序上还有白色茸毛或黑褐色草毛。以雪莲命名的虽有多种,但新疆天山产的大雪莲现已为数不多,故已被国家列为三级保护植物。

必购正宗地

拉萨市城关区娘热中路的西藏藏医院藏药厂第一专卖店。

必知价格

人工培育的干货雪莲花价钱较贵,一支大约需15元,而刚才摘下的雪莲花就比较便宜,一朵大约8元。

陕西特产

　　陕西地处黄土高原，是我国内陆腹地上一颗璀璨的明珠。省会西安是世界四大古都之首，也是中国历史上建都时间最长、建都朝代最多、最具影响力的都城。悠久的历史不仅给陕西留下了丰富多彩的历史遗迹，也将这片土地孕育得物华天宝、人杰地灵。陕西的物产极为丰富，并且极具地方特色，是人们旅游购物的不二之选。

　　其著名的特产有西凤酒、凤翔彩塑、韩城"大红袍"花椒、剪纸、蓝田玉、临潼石榴等。

陕 西 特 产

西凤酒

西凤酒是陕西的特色名酒，也是我国的四大名酒之一。其出现于殷商时期，兴盛于唐宋，至今已有三千年的历史。由于西凤酒产于陕西省宝鸡市凤翔县柳林镇，因此古称"秦酒"或"柳林酒"。西凤酒是凤香型白酒，被誉为"凤型"白酒的典型代表，曾多次获得中国名酒称号，深受消费者喜爱。

凤香型白酒以西凤酒为代表。该酒以当地特产的高粱为原料，以大麦、豌豆做酒曲，贮存3年后进行勾兑。其风味独特，工艺特殊，香味介于浓香型白酒和清香型白酒之间。从色泽上看，清澈透明，无悬浮物，无沉淀物。闻起来醇香纯正。味道醇厚甘润，清爽协调，有余味。

苏东坡

必享典故
北宋文学家苏东坡曾任凤翔签书判官一职。在今凤翔东湖喜雨亭落成之日，苏东坡与朋友相邀饮酒。他们畅饮的便是柳林酒（即西凤酒）。酒后留下了千古名篇《喜雨亭记》，并用"花开酒美曷不醉，来看南山冷翠微"的佳句盛赞柳林酒。时至今日在凤翔东湖尚有苏东坡的墨迹留存。

恒裕昌商贸公司西凤酒专卖店、天酝丰西凤酒专卖店、秦欣商贸西凤酒专卖店、西安古韵商贸有限公司西凤酒专卖店。

根据酿造工艺、年份的不同，西凤酒的价格从38元到698元不等。

凤翔彩塑

必购特产

凤翔彩塑是陕西特有的一种民间手工艺品。它将黏土和泥浆搅拌成泥，倒入事先制好的模子中，制成胚子晾干，以白色颜料打底，之后以多彩的颜色绘画，最后上光即可。凤翔彩塑题材多样，生动逼真，受到游客的喜爱。其无论是作为儿童的玩具，还是作为陕西旅游的纪念品，都是上上之选。

必知鉴赏技巧

凤翔彩塑在取材上，范围很广，既有神话传说、历史典故、戏剧人物，也有吉祥图案、鸟兽鱼虫，形式各样，生动活泼。在色彩上，凤翔彩塑用色不多，只有红、绿、黄等色，但色彩十分鲜艳。在工艺上，凤翔彩塑多为空心圆塑，浑厚饱满，线条柔和，图案不易褪色。

凤翔彩塑

必享典故

相传，明太祖朱元璋打下江山后，令手下的第六兵营解甲归田。士兵们便落户于陕西凤翔县。他们聚居的村子便得名"六营村"。士兵中有些人会制作陶瓷，便在农闲时用泥捏制彩色的泥偶，到过年过节时出售，深受百姓喜爱。随后，泥偶不断吸收当地民间艺术的精华，不断发展创造，逐渐形成了风格独特的凤翔泥塑。

必购正宗地

陕西省凤翔县六营村。

必知价格

根据泥塑大小、图案的不同，凤翔泥塑的价格为20~1500元。

韩城"大红袍"花椒

必购特产　韩城花椒以其优良的品质闻名于世。陕西省韩城市盛产花椒，是全国最大的花椒生产基地之一。韩城花椒品种繁多，其中"大红袍"花椒作为韩城市的名优特产，被誉为"中华名椒"。"大红袍"花椒杂质少，纯度高，麻味足，可作为调料，有去腥提香的作用，也可入药，有祛风除湿、止牙痛的功效。

必知鉴赏技巧　看外形，品质优良的"大红袍"花椒个头大，而且花椒粒坚实饱满，颜色鲜红、纯正；闻气味，"大红袍"花椒麻味很重，放在鼻前轻闻就可以闻到浓重的麻味；尝味道，放一粒"大红袍"花椒在嘴里，会立刻感到麻味迅速蔓延开来，嘴巴更是会被麻得没有知觉。

韩城党家村古民居

必享典故

韩城花椒历史悠久，至今已有600年的栽培历史。据明万历三十五年（1607年）《韩城县志》论土产中就有"境内所饶者，惟麻焉、木棉焉、椒焉、柿焉、核桃焉"的描述。清康熙四十二年（1703年）《韩城县续志》对"大红袍"花椒名称的来历做了详细的描述。"大红袍"花椒，"大"意味其颗粒大，"红"表明其颜色鲜红，"袍"表示其外形酷似衣袍。

韩城市北方花椒批发中心、韩城市芝川花购销中心、韩城市吕仲义花椒购销中心等。

韩城"大红袍"花椒的零售价大概在每千克90元。

剪纸

陕西剪纸在各地剪纸中独树一帜,久负盛名。由于它较为完整地传承了中华民族古老的图案花纹,专家称之为"活化石"。陕西从南到北,随处可见各种各样的剪纸,其中以陕北的定边、靖边、吴堡、榆林、米脂、延安,关中的凤翔、富平、三原、朝邑,陕南的汉中等地最为丰富。

陕西各个地方的剪纸不尽相同,各具特色,形成了百花齐放、异彩纷呈的局面。

陕北地区的剪纸以单色剪纸为主,简洁质朴,线条有力,花纹简单。其中个别地方如定边、靖边等地的剪纸也有较为细致的,多用直线,流利奔放。榆林剪纸题材多样,内容丰富,造型多变,既细致秀美,又粗犷浑厚。关中剪纸较为细腻,多用曲线,如凤翔剪纸的线条细如发丝,风格独特……陕南剪纸整体较大,图案多为植物纹样,也有各类花纹。由于陕北相对闭塞,剪纸将传统的图案花纹很好地保存下来,因此在陕西剪纸中首推陕北剪纸。

必享典故

剪纸最晚在北朝时已经出现,至今已有1500年的历史。隋唐时期,剪纸艺术日渐繁荣。唐诗《采胜》中有云:"剪采赠相亲,银钗缀凤真。叶逐金刀出,花随玉指新。"此诗描绘出了唐代女子剪纸的高超技艺,以及剪出纸花的美丽图形。

陕西剪纸:面条像腰带

西安市友谊西路西头陕西汉唐剪纸工艺品会社(029-35528837)。

陕西剪纸根据大小图案的不同,单件剪纸作品的价格为2~40元。

蓝田玉

必购特产

蓝田玉是一种久负盛名的玉石，因其产自西安市北部的蓝田山而得名。玉石通常掩埋在沙石之中，而蓝田玉则是在骊山的

天然温泉中孕育而成，色泽光洁、质地温润，实为玉中珍品。蓝田玉有白、黄、青、粉等多种颜色，其中粉色蓝田玉又名"芙蓉玉"，曾深受杨贵妃喜爱。蓝田玉可以制成各色玉器，如玉镯、玉酒具、玉枕、玉摆件等。蓝田玉镯更是女士们购物的首选。

必知鉴赏技巧

玉分为软玉和硬玉，蓝田玉为软玉，有翠玉、墨玉、彩玉、汉白玉、黄玉，多为色彩分明的多色玉，色泽好，花纹奇。蓝田玉的鉴赏需要注意：玉石清透无杂质；在阳光下，玉石中的白色絮状物体清晰可见；由于蓝田玉光滑温润，没有棱角的玉石相互摩擦几乎是没有声音的。

《华清出浴图》中的杨贵妃

必享典故

蓝田玉是我国开发利用的最早玉种之一，至今约有4000年的历史。秦始皇曾用蓝田玉制作玉玺，其上用篆文刻有"受命于天，既寿永昌"八个字。唐朝诗人李商隐曾写道"沧海明月珠有泪，蓝田日暖玉生烟"，可见蓝田玉在唐朝已经享有较高的知名度。唐明皇命人采集蓝田绿玉为杨贵妃制作玉磬。华清池中的唐明皇与杨贵妃浴池也由蓝田玉铺满。

必购正宗地

以西安蓝田县光华玉器厂的产品最优。蓝田县和汤峪有玉石专卖一条街，那里出售的蓝田玉质量较好，价格相对便宜。

必知价格

成色好与成色差的蓝田玉价格相差很大，从几十到几千元不等。体积大、加工精细的蓝田玉摆件价值可达几十万甚至上百万元。

苦水玫瑰

必购特产 苦水玫瑰盛产于兰州市永登县苦水乡，以迷人的馨香驰名中外。每当春夏，鲜花盛开，姹紫嫣红，苦水乡到处飘散着玫瑰的芳香。每年，永登县玫瑰花的出产量都达到全国总产量的50%以上，因此兰州永登县被称为"玫瑰之乡"。

玫瑰的用途很广，经济价值也极高，是做糕点、酿酒的必备香料。玫瑰油是香烟、香皂、香水和高级化妆品的主要原料。玫瑰的花和根可以入药，具有顺气和血、疏肝解郁的功效。

必知鉴赏技巧 看花色，正宗苦水玫瑰花色泽鲜艳；闻其味，正宗苦水玫瑰浓郁芳香；正宗苦水玫瑰产油量高、品质好。

甘肃特产

必享典故 苦水玫瑰在永登县的栽植已有200多年的历史。据记载，在清朝道光年间，永登苦水李窑沟（现下新沟村）有个姓王的秀才赴京赶考。他返回时从西安带回了几株玫瑰，栽植在自家园中观赏。由于这几株玫瑰生长旺盛，花香四溢，深受当地人们的喜爱。于是，家家户户竞相栽植。由于此地的玫瑰最早是在苦水乡种植，因而习惯上称其为"苦水玫瑰"。

必购正宗地 苦水玫瑰在兰州的特产店和商场中都有卖的。甘肃最有名的特产店要数陇萃堂特产店、渭江源特产店和三江源特产店。

必知价格 苦水玫瑰花蕾，一般20多元一罐；60克装的礼盒100多元。

甘 肃 特 产

三炮台

必购特产

三炮台是甘肃著名的茶饮,因所放的配料不同而有不同的名称。在配料上,一般有红糖砖茶、白糖清茶、冰糖窝窝茶。茶具由茶托、茶碗、茶盖三部分组成,故名三炮台。

人们可以根据自己的体质,选择不同茶料。如冰糖窝窝茶可用于清热泻火,红糖砖茶可用于缓解胃塞,白糖清茶则可促进消化。还有用于日常保健的"八宝茶",除了放茶叶外,还要放红枣、枸杞、核桃仁、桂圆、芝麻、葡萄干、果脯等。

三炮台

必享典故

兰州的三炮台始于盛唐时期西安。明清时期传入西北地区,与当地的穆斯林饮茶习俗结合在一起,形成了独特的地方茶饮。所以,三炮台汇集了中华茶道之精粹,有历代皇家茶品之特色。

必购正宗地

必知价格

三炮台里的茶一般选用的是春尖茶,材料主要是冰糖、枸杞、枣、桂圆、杏。人们还可以根据自己的喜好,随意添加葡萄干、芝麻、山楂、玫瑰花、菊花、黄芪、金银花、灵芝、锁阳等。三炮台用独特的茶碗泡制,第一遍是茶香,第二遍是糖甜,到了第三遍便是桂圆的甜味了。一碗茶一般可以泡五六个小时。

三炮台在兰州的商店和一些特产店里有售。有名的特产店如陇萃堂、三江源和渭河源,里面特产丰富,品种齐全。

一包3~5元,一盒10包,一般30~40元。

庆阳香包

香包，又称荷包或香囊。庆阳香包是一种兼具立体造型和平面刺绣的手工制品，图案丰富，色彩艳丽，是甘肃端午节的传统饰物。庆阳香包把香包与历史文化完美地结合在一起，寄托着人们祈福避邪、祛病保平安的美好愿望。2002年，庆阳市被中国民俗学会命名为"香包刺绣之乡"。

庆阳香包按照剪纸的图样，在丝绸上绣出各种各样的图案，然后缝制出各种形状，在里面填充上棉花、香料等物。庆阳香包是一门传统工艺，现在主要的传承人有李秀娥、贺梅英等人。

清代香包

必享典故

在我国，香包的历史很悠久。据传最早始于2300多年前，在《黄帝内经》中就有记载。战国时期，屈原的《离骚》中写道："扈江蓠与辟芷兮，纫秋兰以为佩。"这说明在战国时期，香包就已成为一种饰物。到了唐宋时期，香包开始被广泛使用。至明清时期已十分兴盛。

庆阳帮帮香包刺绣工艺品公司、甘肃兰州市城关区科技街1号庆阳大厦、庆阳弘萃香包有限公司。

根据做工不同，从几元到几十元不等。

兰州百合

百合在我国多地都有出产，其中以兰州百合最为有名。它是通过人工栽培而成的，色泽洁白，形大味甜，含有丰富的蛋白质和糖类，而且粗纤维甚低；营养丰富，容易携带，寓有"百事合意"之意，是出门旅游、赠友人的必购特产。

百合大者如掬，小者如拳，平均重350克左右。瓣片如莲，肉质细腻，洁白如玉。味甜，纤维少，毫无苦味。兰州百合含有多种营养成分，据分析测定，每100克鲜百合含水分63.8克，淀粉13.07克，可溶性总糖11.47克，蔗糖8.5克，蛋白质2.91克。

兰州百合干

必享典故

我国种植百合的历史悠久，早在1700多年前，《神农百草》中就对百合有了记载。东汉医圣张仲景经过分析前人的经验，提出了百合具有清热、宁心、安神的功效。唐朝医学家孙思邈在其著作《千金方》中详细叙述了百合的栽培方法。《本草纲目》中记述了"二月种百合，法宜鸡粪"的栽培方法。可见古人对百合早已有了较为深入的研究。

在甘肃的陇萃堂特产店、三江源特产店、渭河源特产店就可以买到正宗产品。

兰州百合干一般140~190元。

软儿梨

软儿梨是兰州一种非常出名的水果,又叫香水梨。软儿梨富含果酸、苹果酸、柠檬酸、蔗糖、葡萄糖等成分,营养价值很高,并且具有清热解毒、润燥止咳、生津化痰等功效,是食疗兼备的佳品,非常适合赠送友人。

软儿梨果实呈圆形,平均果重在125克左右。刚成熟时,皮厚肉硬,味道酸涩。贮藏到冬季,果肉变软,这时可用手将果皮慢慢撕下,一吸即可入口。当地的特色吃法是将软儿梨在冬天置于冷水中,让梨的外皮结上一层薄冰。在食用前先把梨解冻,然后再食用,入口冰凉甘甜,清热解渴,沁人心脾。

一对软儿梨

必享典故

软儿梨的历史悠久,清朝康熙年间的《重纂靖远卫志》曾有记载:"香水梨,即消梨也。他处不多见,深秋成熟,咀嚼无渣,至冬春间冻释成汁,天然甘美,诚珍品也。"

陇上诗人王巨洲曾咏诗赞道,"陇上果佳味着迷,秋穿金晃压枝低。待将风雪吹归窖,期得残兵化褐泥。把口浆囊尽醉吮,放怀画卷著吟题。舒心润肺神增倍,天下仙酥问软梨。"

在兰州的高档酒店及超市都可买到正宗产品。

从几元到几十元不等。

蕨麻

 蕨麻，又称人参果，生长于海拔3000米的甘肃甘南地区，是西北著名土特产之一。其营养丰富，富含蛋白质、维生素、锌、铁、钙等元素，有健胃补脾、生津止渴的功效。除此之外，其补血的效果也很显著，适合贫血的人及产后孕妇食用。

 蕨麻味甘、性温，是多年生草本植物。须茎匍匐在地面上，向四方生长，根生在节外。花为黄色，果实瘦。适宜春、秋采挖。蕨麻食用方便，把其清洗干净，放在锅里煮熟，可以配着米饭、粥一起食用。长期食之，可延年益寿。

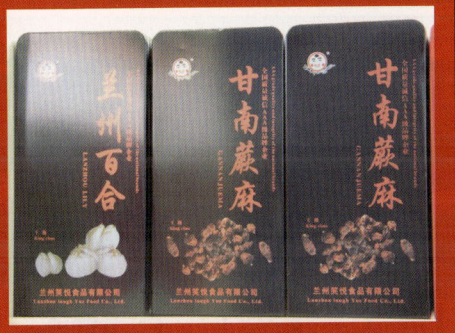

甘南蕨麻

必享典故

《西游记》第二十四回曾写到有关人参果的内容，说人吃了它能够长命百岁。蕨麻虽叫人参果，但与《西游记》中写到的人参果却不同。它是一种多年生草本植物，生长在海拔500～4100米的地区。

 在陇萃堂、渭河源、三江源等特产店都有卖的。

 蕨麻一般45元左右/袋。

发 菜

发菜是宁夏五宝中黑宝,生长在荒漠、半荒漠地区。因风干后的颜色、形状似妇女的头发而得名。发菜营养丰富,并且容易被人体吸收,其蛋白质含量是鸡蛋的20倍,与海参、鱼肚、燕窝、鱿鱼、猴头、鱼翅、熊掌合称为"美味八珍"。

发菜虽在我国多地都有生产,但以宁夏生产的最为著名。也因谐音"发财",而受到人们的喜爱。宁夏不仅是发菜的生产地,还是全国发菜最大的交易集散地,占全国发菜交易总量的80%以上。

正品发菜的干制品颜色乌黑,形似散乱头发,无污泥杂质,有清香气味,用手捏略有弹性,用清水浸泡后,膨胀3倍左右;浸后用手拉尚有伸缩性,入口有柔润爽脆感。伪品发菜条粗丝短,入水浸泡不能胀发,浸后手拉不能伸缩,质硬,入口无柔润爽脆感。用火烧,真发菜燃烧性较差,假发菜可以一直烧下去。

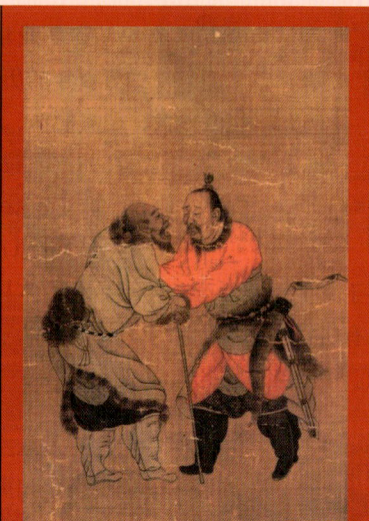

苏武李陵别意图

相传汉代苏武出使匈奴,被扣19年,以发菜充饥。据传,唐宋时期,发菜已出口外国。清代李渔的《闲情偶记》中记载:"菜有色相最奇而为《本草》《食物志》诸书之所不载者,则西秦所产土之夫发菜是也。浸以滚水,拌以姜醋,其可口倍于藕丝、鹿角菜。"据说,慈禧太后的菜单上,也有一道拌发菜。

银川东环批发市场、新华街的土特产店。

野生发菜一般200~300元/500克,人工发菜50元/500克。

宁夏特产

贺兰石

必购特产

贺兰石是被誉为宁夏五宝之一的"蓝宝",产自宁夏贺兰山海拔2600米左右的悬崖上。其形成于13亿年前,由地球地壳变动,泥沙沉积而形成,属于水成岩。

贺兰石的开采有着悠久的历史,最早记载在《宁夏府志》中。用贺兰石做成的石砚、石雕,精巧细致,独一无二,是个人收藏、赠送友人的珍品。

贺兰山岩画

必享典故

相传,古代贺兰国有位公主名叫坦依·贺兰,她美丽、善良,与身份低微的武士阿拿相恋,并结为夫妻。后来,阿拿在抵御外族侵略中战死沙场。坦依·贺兰公主仍守护在爱人身旁,流下的眼泪化作彩色的石头——贺兰石。在贺兰公主的祈祷下,阿拿终于起死回生。从此,俩人过上了幸福快乐的日子。为了纪念这段美好的爱情,人们把贺兰石称为爱情石和吉祥石,并把它当做爱情的信物和幸运的象征。

必知鉴赏技巧

真贺兰石呈深紫、豆绿两色,石面细腻,雕刻纹路清晰。假贺兰石颜色不正,石面粗糙,雕刻模糊不清。

必购正宗地 贺兰石的专卖店:银川西夏区朔方路梧桐花园小区北门口1-3号玉石缘店。

必知价格 贺兰石砚、饰品一般20~30元/件。

沙棘

必购特产

沙棘是植物和果实的统称，为药食同源植物。果和油具有很高的药用价值。沙棘果实入药，具有止咳化痰、健胃消食、活血化瘀的功效。其油中含有大量的维生素E、维生素A、黄酮等，具有抗疲劳和增强机体活力及抗癌等特殊药理性能。据现代医学研究，沙棘可降低胆固醇，缓解心绞痛发作，还有防治冠状动脉粥样硬化性心脏病的作用。

必知鉴赏技巧

沙棘果是一种小浆果植物，果实呈椭圆形、圆形，颜色一般分为红色、橘红色、橙黄色、黄色等。

沙棘树

必享典故

相传1200年，成吉思汗率兵远征赤峰。由于当地气候等条件恶劣，很多士兵都疾病缠身。战马也因过度奔驰、吃不下粮草而缺乏体力。成吉思汗于是下令将这批战马弃于沙棘林中。待他们凯旋归来时，却惊讶地发现被弃的战马不但没有死，反而都恢复了往日的神采。成吉思汗遂下令全军大量采摘沙棘果并随军携带。士兵们的病症便痊愈了，军队士气也大振。成吉思汗将沙棘果称为"圣果"。

必购正宗地

沙棘产品可以在银川市的大型购物中心买到。

必知价格

沙棘果肉饮料5元/瓶，沙棘干果200元/150克。

青海特产

青海省位于我国西北地区,地处青藏高原东北部。青海东部素有"天河锁钥"、"海藏咽喉"、"金城屏障"、"西域之冲"和"玉塞咽喉"等美称,地理位置十分重要。青海独特的地理位置及气候条件,孕育了丰富的物产。

青海特产主要有青稞酒、可可西里牦牛肉干、昆仑玉、茶卡盐。

青稞酒

必购特产

青稞酒是用青稞和天然矿泉水酿制而成的白酒。青稞是世界上麦类作物中含葡聚糖最高的农作物，对结肠癌、心脑血管疾病、糖尿病有预防作用；同时还具有提高人体免疫力，调节生理节律的作用。

青稞酒

必知鉴赏技巧

从酒质上来看，真酒酒质晶莹透明，无沉淀色泽异常的情况。从包装上来看，真酒瓶身瓶盖有统一的标记，防盗盖完好无损，盖上图案、字迹牢固、清晰；真酒标签背面全印有批号，为蓝或红色；标签上还印有酒名、酒度、厂名厂址等。真酒商标一般采用压鼓版印的烫金图案，摸上去有突凸感，字迹清晰，套印准确。

必购正宗地

青海各大超市及青稞酒经销店。

必知价格

天佑德系列，织锦天佑德120元、42°四星天佑德100元；八大作坊，150元；七彩互助，110元；互助头曲，60元。

必享典故

青稞酒酿已有300多年历史。民间素有土法酿制熬酒传统，名为"酩馏"。以作坊形式酿制，始于明末清初。山西"客娃"将杏花村酿酒技术带到青海，并用当地黑青稞作主料，配以豌豆、黑燕麦等酿造出别具风味的"威远烧酒"。此后，历经各家烧房的酒大工、曲大工不断实践，形成了从踩曲、制坯到蒸馏一套完整的酿造技艺，自成体系。

可可西里牦牛肉干

必购特产　可可西里牦牛肉干选用生长在海拔3000多米的世界之巅青藏高原——可可西里牦牛腿鲜肉为原料，经选料、预煮、整形、炒制、烘干、包装等工序精制而成。

野牦牛生活在天然草场，除觅食野青草外，还吃冬虫夏草、雪莲等天然药用植物，故藏区谚语道："牛吃虫草我吃牛，无病无灾药不求。"

必知鉴赏技巧　可可西里牦牛肉干口感好，口味多样，有咖喱牦牛肉干、麻辣牦牛肉干、五香牦牛肉干、五香牦牛肉派、酱味牦牛肉派、丁香牦牛肉派、麻辣牦牛肉派、藏式卤汁味。

青海牦牛

必享典故　牦牛是世界上生活在海拔最高处的哺乳动物，被誉为"高原之舟"，是西藏高山草原特有的牛种，主要分布在喜马拉雅山脉和青藏高原。其全身一般呈黑褐色，身体两侧和胸、腹、尾毛长而密，四肢短而粗健，能耐零下30℃～40℃的严寒。

**必购正宗地**　西宁市西关大街青藏特产超市、北大街21号青藏土特产超市等。

**必知价格**　每袋（500克）从几十元到100多元不等。

昆仑玉

 昆仑玉是一种软玉，又称青海玉，产自昆仑山脉东缘入青海省部分，与和田玉同处于一个成矿带上。昆仑玉可分白玉、灰玉、青玉、白带绿、糖包白等，以晶莹圆润、纯洁无瑕、无裂纹者为上品。

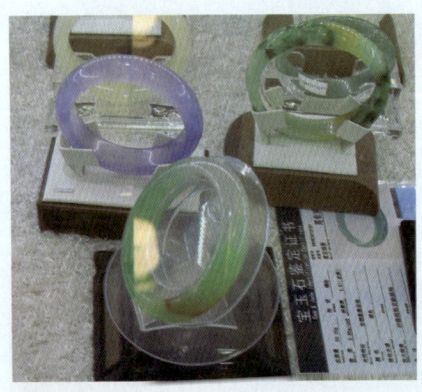

 从硬度上来看，玉的硬度比玻璃高，可用玉石在玻璃上划，检验硬度。从造型上来看，好的雕工一般施于好的玉料之上，集画、雕、磨等工艺于一身。其造型比例和谐，雕工线条流畅。

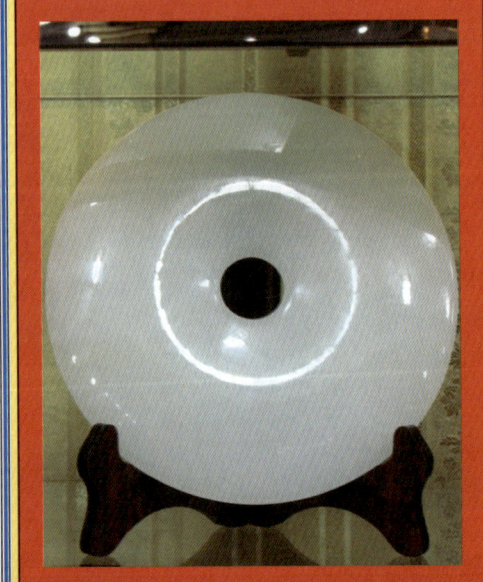

昆仑玉

必享典故

传说玉虚峰是道教昆仑派仙师修炼升天的地方。昆仑山的仙师们把昆仑玉种在苗圃中，经尽心呵护1000年才能泌出一滴玉膏。昆仑玉是房屋镇宅祈福的宝物。如开厂设店等，均用此作为宝物。

 西宁市城中区南关街133-134号怀玉斋玉器店、南关街60-61号石缘玉器店。

 成色越好价格越贵，具体价格从几十元至几十万元不等。

茶卡盐

茶卡盐属于湖盐，产于青海省乌兰县茶卡盐湖。因含有钙、镁、钡、铜、钾、锶、锌、硒等人体所需的多种微量元素和天冬氨酸、谷氨酸、丙氨酸、亮氨酸、赖氨酸等八种氨基酸，"味咸而甘"，口味独特，有极其特殊的调味效果。

茶卡盐受其特定地理、气候、环境等自然因素的影响，与其他盐比较，具有晶体规则、氯化钠纯度高、可溶性杂质低、不易结块、不含对人体有害的物质特点。

茶卡盐无污染、不含对人体有害的物质，"味咸而甘，其味咸美"；而海盐则须经纳潮、制卤、结晶、堆存、加工到成品的过程，因原料海水有不同程度的污染，故造成口感略有涩苦味。

茶卡盐湖

必享典故

茶卡盐湖是柴达木盆地四大盐湖中最小的，也是开发最早的一个。茶卡盐开采历史悠久，最早可追溯到秦汉时期。清乾隆二十八年（1763年）已定有盐律。新中国成立前，马步芳在这里设有盐场，年产近千吨原盐。新中国成立后，古老的茶卡盐池经过不断的建设和发展，产量大升，畅销国内外。

以青海茶卡盐湖产的最为正宗。

新疆特产

周恩来总理生前曾赞誉新疆为祖国的"一块宝地"。的确如此,新疆有着辽阔的地域,适宜的气候,复杂多样的地貌和土壤。新疆不仅有着旖旎的风光,而且还有着十分丰裕的特产,在群山峻岭,绿洲戈壁之间,这里有着数不尽的"粮仓"、"肉库"。

和田玉

必购特产 新疆自古以来以产美玉而闻名，其中以和田玉最负盛名。和田玉是白玉中最好的品种。目前世界上仅新疆有此品种，产出十分稀少，极其名贵。

必知鉴赏技巧 从硬度上来看，用小刀在上面划一下一般不会留有痕迹，如果是玻璃和硬度较低的玉则会留下痕迹。从颜色上来看，和田玉只有白色、青色、墨色、黄色四大类颜色。从透明度上来看，和田玉属于半透明的：可将玉石对准光源，用手在玉后晃动，真的和田玉能看出有黑影晃动。从声音上来看，可拿两块相同的玉对敲几下，和田玉的声音比较清脆，像钢一样。其他品种的玉则声音喑哑。

故宫丹台春晓图玉山

必享典故 《千字文》有"金生丽水，玉出昆冈"之说。昆冈玉就指的是和田玉。《新疆图志》载，和田玉有"绀（红青）、黄、青、碧、玄（黑）、白数色"。和田白玉名闻中外，西汉文学家东方朔的《海内十洲记》曾誉其为"白玉之精"。历代均有进贡。由于这种白玉质地细腻，纯洁洁白，色如羊脂，故又名羊脂玉。

必购正宗地 天山区新疆民街4号楼2楼5号玉福玉器店（0991-6558756）。乌鲁木齐市友好南路30号友好百盛1楼和合玉器店（0991-4537499）。

必知价格 价格按照大小、成色和重量来计算，优质的和田玉3000~5000元/克。

醉美特产

伊犁酒

必购特产 伊犁酒是产出于中国新疆维吾尔自治区新源县伊犁河谷的肖尔布拉克镇等地区的白酒的总称。伊犁河谷地区，水草丰美、物产丰富，被誉为"塞外江南"、"新疆粮仓"，为白酒生产提供了丰富优良的自然条件。

必知鉴赏技巧 伊犁真酒酒质晶莹透明，无沉淀色泽异常的情况；瓶身瓶盖有统一的标记，防盗盖完好无损，盖上图案、字迹牢固、清晰；标签背面全印有批号，为蓝或红色。标签上还印有酒名、酒度、厂名厂址等。

新疆伊犁风光

必享典故 新疆"伊力特"系列酒被誉为"新疆第一酒"，享有"新疆茅台"的美誉。它的主导产品"伊力特曲"和"伊力老窖"在新疆名酒评比中屡次夺冠，并被评为"中国名牌产品"。此外，产自于伊犁酒厂的"伊犁河"特曲，因其酿造历史悠久，被评为"中华老字号"。

必购正宗地 在新疆的各大超市均可购得正宗产品。

必知价格 每瓶100~200元。

新疆地毯

必购特产　新疆地毯是新疆传统的民族工艺美术品，主要出口商品之一。无论式样、图案和色彩均富有浓郁的民族特色和地方风格。其以原料上乘、质地细密、绒头密集、毯面薄平、工艺考究、图案别致、织工精良、配色美观、经久耐用、图案繁谨而著称。

新疆地毯或悬挂于厅堂之壁，或展铺于室内走廊，是理想的家庭、宾馆陈设的高级用品。

必知鉴赏技巧　新疆地毯坚韧而富于弹性，具有耐拉、耐压、光泽好、强度大的优点。全毯颜色协调，染色均匀；整体构图完整，图案线条清晰圆润，颜色与颜色之间轮廓鲜明；毯面平整，线头密，无缺疵。

新疆地毯

必享典故

新疆地毯的历史已有2000多年。历史上，其多次以贡品、商品传入中原。新疆的织毯工艺也随之传入，促进了中原地区地毯业的兴起和发展。明朝时期，受宁夏回人的邀请，新疆织毯艺人马托阿洪亲王到银川传播织毯技艺，使得这一技艺传入我国西北各省；而马托阿洪也被人们尊称为"马托祖师"。

必购正宗地　乌鲁木齐市天山区解放南路8号国际大巴扎斜对面的新疆地毯城，天山区华联地毯市场营销部，天山区穆那特工艺品店。

必知价格　好的手工地毯一平方米3000~6000元；机制地毯价格便宜。

哈密瓜

 哈密瓜维吾尔语称"库洪",源于突厥语"卡波",意思即"甜瓜"。哈密瓜有"瓜中之王"的美称,含糖量在15%左右。其形态各异,风味独特,有的带奶油味,有的含柠檬香,饮誉国内外。

哈密瓜多呈椭圆形或橄榄形。瓜的颜色有国绿色带网纹的、金黄色的、花青色的等。哈密瓜,一般有香味,且成熟度适中。无香味或香味淡薄的则成熟度较差,可放些时间后食用。如果瓜身坚实微软,成熟度就比较适中。如果太硬则不太熟,太软就是成熟过度。

哈密瓜

必享典故

清《新疆回部志》云:"自康熙初,哈密投诚,此瓜始入贡,谓之哈密瓜。"光绪年间进士、翰林院编修宋伯鲁的一首诗《食哈密瓜》,更是清楚地记述了哈密瓜入贡得名的这段史实:龙碛漠漠风抟沙,胡驼万里朝京华。金箱丝绳慎包匦,使臣入献伊州瓜。上林珍果靡不有,得之绝域何其遐。金盘进御天颜喜,龙章凤藻为褒嘉。

 各个瓜果超市都有卖。

 平均3元多/500克。另不同地区间有差异。

吐鲁番葡萄干

必购特产 吐鲁番葡萄干以新疆生产的质软、含糖量高、无籽的无核白葡萄加工而成。在阳光下直接暴晒,制成褐色葡萄干,之后在阴房中晾制而成。全疆只在吐鲁番盆地和田地区可如此制作。这里气候干燥,秋季气温高,常刮干热风,宜于制作葡萄干。

必知鉴赏技巧 吐鲁番葡萄干以粒大、壮实、柔糯为上品;嫩小、瘪子为次品。成把攥后放开,颗粒迅速散开的为干,相互粘连的为潮,攥紧后破裂的则太潮,表面泛糖油的次之。味以甜蜜鲜醇、不酸不涩为佳,有发酵气味的则已变质。

吐鲁番黑玫瑰葡萄干

必享典故

据《太平广记》记载,在南朝梁国大同年间(535—545年),高昌国(在今吐鲁番县)曾经派使者向梁武帝贡献葡萄干。考古工作者在吐鲁番唐代墓葬中也发现有吐鲁番葡萄干。

现在吐鲁番所生产的葡萄干,除销往国内各省市,还出口日本、东南亚等地。

必购正宗地 吐鲁番市新站葡萄干市场、乌鲁木齐市沙依巴克区克拉玛依西街185号北园春果品批发市场。

必知价格 每千克13~15元。

库尔勒香梨

必购特产

库尔勒市位于新疆巴音郭楞蒙古自治州北部,天山南麓,是一个肥沃的绿洲。这里出产的香梨最为有名,素有"梨乡"之美称。

库尔勒香梨,维吾尔族叫"奶西姆提",印度人称它是"中国的王子"。其珍贵由此可见一斑。

必知鉴赏技巧

库尔勒香梨个头较小,梨的表皮带点红色。从味道上来说,无渣、汁多、香甜。此外,库尔勒香梨还有公母之分,母梨比公梨好吃;公梨的尾部突出,梨皮较粗;母梨的尾部凹进去,梨皮比较滑而细。

库尔勒夜景

必享典故

库尔勒地区栽培香梨,距今已有2000多年的历史。其在汉唐时期就通过"丝绸之路"传入印度,被誉为"西域圣果"。据晋代葛洪撰《西京杂记》记载:"瀚海梨,出瀚海北,耐寒不枯"。此"梨"指的就是库尔勒香梨。在1924年举行的法国万国博览会上,库尔勒香梨被评为银奖,被誉为"世界梨后"。

必购正宗地 各个瓜果超市都有卖。

必知价格 平均价格每千克17元。

和田玉枣

人们历来就把红枣视为极佳的滋补品。红枣不但是美味果品,而且还是滋补良药,有强筋壮骨、补血行气、滋阴润颜之功效。和田地处新疆南部,干旱少雨,光照时间长,昼夜温差大,每一颗"玉枣"都是自然精华的结晶。

和田玉枣具有美容抗衰老,滋补调理身体,促进身体康复等功效。

新疆和田玉枣通体呈红色,相比其他枣,其个头稍大,且枣两头一般不一样,枣蒂处稍小,枣皮有光泽,褶皱少;枣肉弹性好,甘甜绵密,余味甜糯,呈淡黄色。

和田玉枣

必享典故

红枣是我国民间传统的药物之一。据明代李时珍的《本草纲目》记载:"干枣润心肺、止咳、补五脏、治虚损、除肠胃癖气。""大枣味甘无毒、主心邪气、安中养脾、平胃气、通九窍、助十二经。"新疆枣以肉多、甘甜著称。

和田玉枣官方旗舰店:http://hetianyuzao.hn8868.com/about.html

平均50元/500克。

香港特产

　　香港是闻名遐迩的自由港，是世界著名的金融中心和商品集散地，享有"购物天堂"的美誉。

　　这里汇聚了世界各地的美食特产，比较著名的有香港鸡仔饼、丝袜奶茶、周大福珠宝、香港虾酱、香港燕窝等。

香港鸡仔饼

饮誉中外、备受香港人喜爱的鸡仔饼，原名"小凤饼"。因其形状像雏鸡，故又被称为"鸡仔饼"。其历史悠久，据说最早是由清咸丰年间（1851—1862年）的一个名叫小凤的婢女创制。起初小凤饼的外形单一、包装简单。后来，人们进一步改进包装，远销东南亚各国，深受大众喜爱。

其一，外形。鸡仔饼形状像雏鸡，且呈清一色正圆形的娇小形状。其二，口感。鸡仔饼分为两类：一类是皮薄馅少的，吃起来比较脆；另一类是皮厚馅丰、外脆内软的，很有嚼头，味道甜中带咸、甘香酥脆，内含猪肉，油而不腻，美味余香。

香港夜景

必享典故

关于小凤饼的由来，有这样一个有趣的故事。清咸丰五年（1855年）初秋某日，主人伍紫垣接待从外地来的客人。恰巧点心师傅不在，他便吩咐婢女小凤做一款广东点心给客人食用。小凤就把平时私底下储藏起来的以备充饥的饼干拿出来招待客人。客人品尝后深觉甘、香、酥、甜、咸兼有，味道独特，因此对此饼干大加赞赏。伍紫垣于是命令点心师傅如法炮制，并将此饼取名为"小凤饼"。

八仙饼家的鸡仔饼最为正宗（九龙深水埗南昌街197号）。泰昌饼家亦有销售（九龙深水埗大埔道222-230号快乐大厦）。

由于鸡仔饼的种类和包装不同，其价格多在10~40元浮动。

丝袜奶茶

必购特产

丝袜奶茶又称"港式奶茶",是以红茶混合浓鲜奶加糖制成。它是最具香港特色的一种奶茶,是香港人日常生活中必不可少的饮品。香港茶餐厅中所供应的奶茶基本上都是采用丝袜奶茶的方式进行泡制。丝袜奶茶现已成为香港文化的一种符号,在许多港片的人物对白中,经常会提到此饮品。

必知鉴赏技巧

第一,看颜色。正宗的丝袜奶茶因长期使用滤网过滤,其颜色显得暗沉,远看好像肉色丝袜。第二,品味道。完美的丝袜奶茶,奶味绝对不能掩盖茶味,而且入口不涩,味道较甜,质地较厚,口感爽滑。

香港中环兰芳园

必享典故

香港创制的丝袜奶茶是地道、香醇的代名词,发明者是一个叫林木河的人,被称为"丝袜奶茶之父"。林木河10岁时到香港打工,与妻子及一名伙计于1952年在香港中环摆花街开设兰芳园大排档,吸引不少附近的码头工人光顾。工人看见他每次泡茶都用个袋冲来冲去,且茶袋是咖啡色的,以为是丝袜,因此便叫"丝袜奶茶"。

**必购正宗地**

香港最正宗的丝袜奶茶要数兰芳园。兰芳园(老店)地址:香港中环结志街2号(摆花街与结志街交界);兰芳园(新店)地址:香港中环结志街4A-6号。

**必知价格**

丝袜奶茶的价格在30元/100克左右。

周大福珠宝

周大福珠宝是香港四大珠宝品牌之一,它秉承"真诚永恒"的理念,以产品的设计、质量与价值闻名,备受推崇。周大福是香港金行中的老字号,已有80多年的历史,由它首创的999.9纯金首饰现在已成为行业标准。2005年,周大福被中国工商管理总局评为"中国驰名商标";2006年再度荣获"同类产品市场综合占有率第一位"的称号;2013年蝉联"中国500强最具价值品牌"珠宝类品第一位。

第一,黄金的颜色。黄金首饰纯度越高,色泽越深。必要的话可以点一滴硝酸试一下,看反应情况。第二,重量。珠宝的价格与重量成正比,重量越大,价值越高。第三,黄金的柔软度。纯金柔软,容易折弯,必要时可切开或烘烤以辨别真伪。

周大福商店

必享典故

周大福珠宝金行始创于1929年。20世纪60~70年代,周大福由郑裕彤先生接手经营,其后他首创的999.9纯金首饰,成为黄金首饰业的成色典范。90年代初,周大福决定以成本加上合理的利润制定"一口价",现已成为"货真价实"的另一代名词。

周大福销售网络遍布香港、澳门、中国60多个城市,每年销售额达10亿美元。

周大福在香港有多家分店,九龙分店(九龙尖沙咀河内道18号K11G06号铺);铜锣湾分店(铜锣湾轩尼诗道489号铜锣湾广场1期地下);新界分店(新界上水龙琛路39号上水广场2楼257-259号铺)。

黄金价格在300元/克左右。

香港虾酱

必购特产

香港虾酱是明星产品，已有80多年的历史，现由第四代传人负责。它是一种储藏发酵食品，在储藏期间，其蛋白质会分解成氨基酸，具有独特的清香。其滋味鲜美，令人回味无穷，实为入厨佳品。其名声不仅驰名于港澳台，就连外国游客也都对之喜爱有加。

必知鉴赏技巧

其一，看。优质的虾酱颜色呈紫红黏稠状；其二，闻。正宗的虾酱没有腥味，气味鲜香；其三，观察。正品的酱质细，没有杂鱼；其四，品尝。纯正的虾酱咸味适中，不会太咸。

必购正宗地

香港张财记虾酱最为正宗（大澳吉庆前街41号地下，00852-29857428）。李锦记虾酱在香港也很著名，在远东等大型超市均有销售。

必知价格

张财记虾酱为28元/瓶。

张财记虾酱

必宴典故

虾酱创始于清朝康熙年间，距今已有300多年的历史。据说当时在锦州城南、靠近渤海湾的地方，有个叫硝盐锅的村子。村里住着一个以打鱼、捕虾为生的姓李的人。每天他都会把打捞的鱼和虾拿到集市上卖，有时会将卖剩下的虾倒在缸中，撒上盐，日久便从缸中散发出一股虾香味，这就是虾酱。

香港燕窝

 必购特产

燕窝一直被认为是高档滋补品，也是美容的极佳产品，包括白燕和血燕等。白燕是中国传统名贵食品之一，在古代曾被列为贡品；血燕更是珍品中的珍品。燕窝在香港的贸易总额中占有较大比重。据有关资料显示：仅在1991年香港买卖燕窝的国际贸易指数比过去10年跃升了3倍，这使香港跻身为世界最大燕窝买卖市场。香港燕窝不仅数量多、品种齐全，而且价格合理、质量好，一直受到中外游客的喜爱。

 **必知鉴赏技巧**

一"看"：纯正的燕窝应该为丝状结构，无论是在浸透后还是在灯光下观看，它都是半透明状且色泽通透有光泽；二"闻"：优质的燕窝富含天然蛋白质，因此具有淡淡的天然蛋清味且弹性好；三"泡发"：普通的燕窝浸水泡发3～4个小时之后，平均可发大5至6倍，而品质优良的燕窝，可以发大7至8倍。

香港脆皮燕窝

必享典故

燕窝在中国历代宫廷膳食中都占有很重要的地位。据《清宫老档》记载，乾隆皇帝一生曾七次下江南。每日清晨御膳之前，他都必须空腹吃冰糖燕窝粥。此习惯一直影响到清末的御膳。据说西宫慈禧太后在垂帘听政期间，每餐都离不开燕窝。在慈禧的早膳中，用燕窝做的菜式占了将近一半，由此可见燕窝在清宫御膳中的重要地位。

 **必购正宗地**

盏记燕窝是最著名的燕窝品牌，在香港拥有多家分店。如旺角分店（旺角中心第1期地下G29A1铺）；铜锣湾分店（铜锣湾轩尼斯道505号电业城12楼）；深水埗分店（深水埗西九龙中心2楼202铺）。

 **必知价格**

因燕窝的种类和品质级别不同，价格差异较大。如白燕一级燕窝898元/50克。

澳门特产

澳门具有特殊的历史背景，很多风俗习惯和美食都具有浓厚的葡萄牙特色风格。在这里你不仅能品尝到纯正的葡萄酒，还可以吃到香味浓郁的蛋挞、肉质鲜美的马介休，以及香酥可口的杏仁饼等。

葡式蛋挞

 "葡式蛋挞"几乎已经成为澳门美食的代名词之一。20世纪90年代末期,葡挞以"葡式蛋挞"的名称风靡港台。众多葡式蛋挞专卖店大量开设,包括肯德基等均赶上这一热潮。当时甚至出现了蛋价上涨、鸡蛋供不应求的局面。"安德鲁蛋挞"是澳门最著名的品牌,被誉为"葡式蛋挞的鼻祖",因其独特的风味,赢得了中外游客的青睐。

 一看外观:首先,真正的蛋挞表面焦黑,这是由于糖过度受热后产生的,也是葡式蛋挞的招牌形象;其次,葡挞必须分层明显并且有着精致圆润的挞皮和金黄的蛋液。二闻气味:正宗的葡挞是用优质的纯牛奶,配以澳洲进口的芝士、雀巢淡奶油制成,因此具有浓浓的奶香味。三尝味道:葡挞外层酥松香脆,内馅儿软甜香滑,外酥里嫩,味道鲜美。

葡式蛋挞

必享典故

最早的葡式蛋挞来自英国人安德鲁,他在传统点心的基础上,发明了这种美食。1989年,他在澳门路环岛开设了安德鲁饼店,创作出了广受欢迎的葡式蛋挞。葡挞虽然最早是由安德鲁所创,然而扬名却是拜安德鲁和妻子的婚变所赐。1996年,安德鲁和妻子玛嘉烈婚姻破裂。玛嘉烈离开安德鲁另起炉灶,把原先属于自己名下的店改名"玛嘉烈",又落户香港和台湾,不经意地在当时卷起了一阵葡挞旋风。后来,手工蛋挞品牌"玛嘉烈"蛋挞工坊一直沿用至今。

 葡挞最著名的有安德鲁和玛嘉烈两个品牌。安德鲁葡挞店(环岛路环市中心挞沙街1号地下),马嘉烈葡挞店(南湾马统领街金来大厦17号B地下)。

 葡挞大约6.5元/个。

醉美特产

杏仁饼

必购特产

杏仁饼的产地并不在澳门，但在澳门得到了飞跃的发展，并成为一种特色。澳门杏仁饼凭借着传统手工工艺和现代的先进生产技艺，现已成为祖国大陆、港澳台，以及欧美等地区最久负盛名的特色食品。在澳门，杏仁饼现在已经成为一种手信礼品，深受游客欢迎。

必知鉴赏技巧

一"观察"：杏仁饼的外形似杏仁的圆形，色泽金黄自然且层次分明。二"品尝"：杏仁饼本身松脆，饼心香甜、肥而不腻且入口即化，风味独特。

澳门杏仁饼

必享典故

据说清光绪年间，香山县（今中山市）有一书香世家的公子，家道中落，经济拮据。时值其母寿辰，正当他为招待亲友的开支而发愁时，有一个叫潘雁湘的婢女，生性聪明、勤奋好学，平时练得一手制糕点的好手艺。她用绿豆粉和用糖腌制过的肥猪肉片做原料，精心制作出了绿豆夹肉饼，并将饼敬奉给老夫人和宾客，赢得大家的一致好评。这便是"杏仁饼"的来历。

必购正宗地

以咀香园饼家和钜记手信两大品牌的杏仁饼最为正宗。咀香园饼家在澳门有众多分店，如澳门大三巴街23号C地下。钜记手信饼家，地址：新马路大三巴街24号A-B兴华大厦地下。

必知价格

30元/盒左右。

葡国红葡萄酒

**必购特产**

现今澳门以酒店及博彩业最为突出,葡萄酒业也因此兴盛。因为是从产地直接进口,又免关税,所以消费者可以买到物美价廉的葡萄酒。在澳门,几乎所有的超级市场,甚至连小店铺都出售葡萄酒。政府还专门设有葡萄酒博物馆。如果想要品尝后再购买,不妨先游逛一趟葡萄酒博物馆。这里搜藏的酒款多达500种,也出售不少葡萄酒,同时,每天还会提供几款酒以供游客品尝。

必知鉴赏技巧

第一,外观。看酒瓶标签印刷是否清楚;封盖是否有被打开过的痕迹。第二,标志。打开酒瓶,看木头酒塞上的文字是否与酒瓶标签上的文字一样,在法国,酒瓶与酒塞都是专用的。第三,观察。优质的红葡萄酒酒液晶莹明亮,色泽如红宝石。第四,闻。优质的酒液具有酿造葡萄品种特有的果香和酒香。

必赏典故

传说古代有一位波斯国王爱吃葡萄,他命人将葡萄压紧,储藏在一个大陶罐里,标着"有毒",防人偷吃。数天后,国王的一个妃子对生活产生了厌倦,擅自饮用了标明"有毒"的饮料。结果,这个妃子非但没死,反而异常兴奋,又对生活充满了信心。她盛了一杯专门呈送给国王,国王饮后也很兴奋。自此以后,国王便命人制作葡萄酒。

澳门港外景

**必购正宗地**

葡萄酒在澳门各大超市、商店以及小店铺均有销售。另有屈臣氏酒窖(澳门威尼斯人度假酒店The Atrium 2027-2031号铺),澳门葡萄酒博物馆(新口岸高美士街旅游活动中心内)也有正宗产品。

**必知价格**

葡萄酒种类繁多,价格不等,有30元的普通餐酒,也有上千元的陈年老酿。

醉美特产

马介休

必购特产

对澳门人来说，马介休是近乎"国宝"级的特产。马介休是一种深海咸鱼，虽是咸鱼，却味道清淡，保留鱼的鲜味，在葡式佳肴中颇负盛名。它在葡国菜中可以变化出上千种食谱，无论用什么方法烹调，都会令人齿颊留香、回味无穷。

必知鉴赏技巧

第一，地道的马介休，口味清淡且保留鱼的鲜味，不会太咸。第二，马介休肉质鲜美、纹理分明，十分香口。

马介休

必享典故

500多年前，葡萄牙有一群海员出海经过挪威海时，遇见了马介休鱼群。因为在海上航行的日子太过漫长，钓上来的新鲜鱼不易保存，很容易坏掉，所以这些海员就将其用盐腌制。神奇的是，腌制好的马介休，不但放一两年都不坏，而且一旦泡在水里，水冲淡其咸味，吃起来又会如新鲜鱼一般丰腴鲜嫩。此后经过人们的不断改进，马介休成为葡国菜中必不可少的佐料。

必购正宗地

马介休在澳门超市和餐厅中可随意买到，如氹仔岛餐厅（澳门氹仔岛官也街47号）、美嚼葡国餐厅（新口岸马德里街73号环宇豪庭铺地下）。

必知价格

一罐马介休需200~300元。

台湾特产

　　台湾是祖国的宝岛，农产品、水果、高粱酒、工艺品等名优产品数不胜数。其独特的地形和气候适宜茶叶以及水果的生长，使台湾地区赢得"茶叶王国"和"水果王国"的美誉。其中，洞顶乌龙茶被誉为"茶中圣品"，台东释迦令人垂涎欲滴。另外，金门的高粱酒风味独特、清香纯正，是台湾第一名酒。当然，还有凤梨酥、曾记麻糬、金门贡糖、红珊瑚等，均深受旅游者的喜爱。

醉美特产

凤梨酥

必购特产

在闽南语中，凤梨酥是"旺来"之意，所以在当代台湾地区婚礼习俗中，它是结婚和订婚时必不可少的果品，深受台湾民众喜爱。凤梨酥的内馅多是菠萝，卖家通过每日购买新鲜菠萝现做现卖，吸引了不少外国游客的光顾。近些年来流行养生，台北市面上可以买到加了五谷杂粮、蛋黄、栗子等不同口味的凤梨酥。

必知鉴赏技巧

一是颜色。正宗的凤梨酥呈现为黄金色外形；二是口感。其外皮讲究酥松，具有天然奶油香；内馅嚼劲适中、甜而不腻，带有天然菠萝果香。

曾师傅凤梨酥

必享典故

相传三国时，刘备以喜饼迎娶孙权之妹。在他们的订婚礼品中，便有以凤梨入馅制成的大饼。早期的凤梨饼块头太大，一般人消费不起。近百年前，台中县一位叫颜瓶的糕饼师傅，经常挑着担子，带着自己做的"龙凤饼"叫卖。其是以菠萝为内馅，寓意"吉祥"，是订婚和结婚时不可或缺的喜饼。凤梨酥便由此诞生了。

必购正宗地

以维格饼家和犁记饼店凤梨酥最为正宗，维格饼家承德分店（台北市大同区承德路三段27号）；犁记饼店（台北市长安东路二段73号）。

必知价格

维格饼家凤梨酥价格：6元/个；犁记饼店凤梨酥价格：6.5元/个。

冻顶乌龙茶

必购特产 冻顶乌龙茶产于台湾鹿谷乡附近的冻顶山，俗称"冻顶茶"，是台湾知名度极高的茶，被誉为"茶中圣品"。冻顶乌龙茶品质优异，在台湾茶市场上居于领先地位，历来深受消费者的青睐。其茶汤清爽怡人，茶香清新典雅。因为香气独特，据说是古代帝王泡澡茶浴的佳品，在中国、日本以及东南亚等地都享有盛誉。

必知鉴赏技巧 一看外观。冻顶乌龙茶外形卷曲，呈半球形，色泽墨绿鲜艳，有类似于青蛙皮般的灰白点，且条索紧结弯曲。二看冲泡。将冻顶乌龙茶冲泡后，其汤色呈橙黄色，有近似桂花香的清香，汤醇厚甘润。三看叶底。正宗冻顶乌龙茶的底边缘有红边且叶中部分呈淡绿色。

阿里山乌龙茶

**必购正宗地** 台湾南投县鹿谷乡以及台湾茶王等地均有销售。

**必知价格** 由于冻顶乌龙茶的品种不同，其价格从300元到上千元不等，普通的冻顶乌龙茶0.66元/克；高档的特级冻顶乌龙茶4元/克。

必享典故 据说乌龙茶是一位叫林凤池的台湾人从福建带到台湾的。林凤池想参加科举考试，可是家穷没路费。乡亲们得知此事后，纷纷捐助路费。他考中举人返台时，觉得应该给家乡人们带点礼物。于是就带了36棵当地有名的乌龙茶苗回台湾。后来，经过台湾乡亲们的精心培育，冻顶山建成了一片茶园。再后来，林凤池奉旨进京，将此茶献给了当时的道光皇帝。皇帝饮后连连称赞，赐名"冻顶乌龙茶"。

醉美特产

曾记麻糬

必购特产

曾记麻糬为台湾花莲的著名特产,是一种用糯米制成的点心。其以纯手工精心制作而成,有红豆、绿豆、黑豆、花生、芝麻、椰子、抹茶、水果、芋头、番薯、素肉松、冰激凌等多种口味。另外,为适应现代人的口味,还推出以紫米制成的紫米麻糬。其始终坚持传统手工制作:先将糯米洗净磨成浆汁,再用布袋装着,用石块压至七分干,再以手工搓揉、抛摔至弹力十足后再入锅蒸熟,凉了之后再加入各种馅。一直深受市场欢迎。

必知鉴赏技巧

曾记麻糬有几大特色:一是纯手工制作;二是选料精细,选用口感较好的早冬糯米;三是遵循古法,用手工搓、揉、拍、摔打,成品弹性十足。

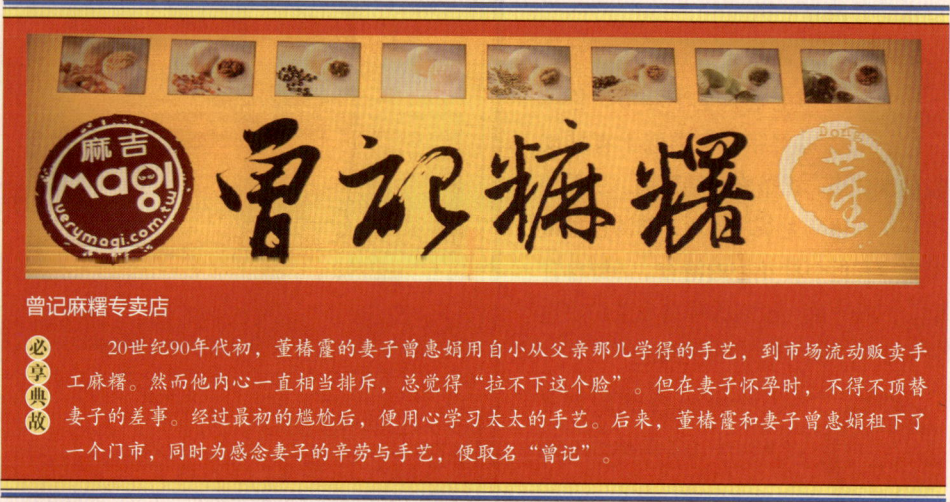

曾记麻糬专卖店

必享典故　20世纪90年代初,董椿霖的妻子曾惠娟用自小从父亲那儿学得的手艺,到市场流动贩卖手工麻糬。然而他内心一直相当排斥,总觉得"拉不下这个脸"。但在妻子怀孕时,不得不顶替妻子的差事。经过最初的尴尬后,便用心学习太太的手艺。后来,董椿霖和妻子曾惠娟租下了一个门市,同时为感念妻子的辛劳与手艺,便取名"曾记"。

必购正宗地

民国门市(花莲市民国路4号);中华门市(花莲市中华路161号);中正门市(花莲市中正路538号);站前门市(花莲市火车站前左侧);麻吉门市(花莲市国联一路79号);中山门市(花莲市中山路142号)。

必知价格

根据包装大小,每盒从几十元到几百元不等。

新竹米粉

必购特产

新竹米粉与新竹贡丸齐名，同为台湾新竹地区的知名食材。它以米为原料，最初由中国福建地区传入。由于新竹地区终年有强风，非常适合制造米粉，所以逐渐发展成当地的特产。1961年，新竹米粉在制作中开始出现了细米粉的技术。当这项技术发展纯熟后，细米粉逐渐风行台湾。后来它又转向国外市场，深受大众欢迎。

必知鉴赏技巧

从颜色上来看，新竹米粉选用优质大米制成，其色泽洁白。从味道上来看，新竹米粉百煮不烂，弹性和韧性高，不易断节且口味滑爽。

新竹小吃街

必享典故

据传在五胡乱华时，战乱纷飞，北人南迁。北方人因思念故乡口味，遂有人尝试着以稻米取代面粉制作成面条，这就是米粉的由来。早期的米粉是形状粗短的粗米粉，后来经过时间的推移以及人们对米粉的不断改良和创新，粗米粉逐渐发展成为今日广为人知的细米粉。

必购正宗地

新竹地区的各大超市卖场和国道休息站均有销售。如老锅休闲农庄（新竹市西宾路六段569号）。

必知价格

每箱新竹米粉的售价在30~80元。

金门高粱酒

必购特产

金门高粱酒是台湾第一名酒，与阿里山、日月潭并称为"台湾三宝"。它曾是连战、宋楚瑜、郁慕明等台湾地区领导人访问祖国大陆时带的共同礼品。

金门高粱酒以金门特产"旱地高粱"为原料，以当地水质甘甜的"宝月神泉"为酿酒水源，再加上当地酿酒师傅的专业经验，酿造出来的酒风味独特，没有高浓度酒精的辛辣感，受到大陆地区以及世界各国人们的喜爱。

必知鉴赏技巧

第一，仔细观察防伪标志。正品高粱酒贴有防伪标志，从不同的角度可看到不同的颜色。此外，酒瓶前身贴有深蓝色圆形防伪标志。第二，分辨酒质。把半杯纯净水倒入半杯酒中，酒的颜色会变成淡白色，且呈现出混浊状。第三，品尝味道。正品的金门高粱酒芳香幽雅、醇厚悠长。

金门高粱酒

必享典故

据说金门高粱酒最早是由叶华成酿制的。叶华成在金门定居之初，拮据困顿。他看见众多私人酿酒厂后，便开始做酿酒生意。他以米为素材，从大陆进口酒曲。不幸的是，这次投资让他血本无归。然而他并没有放弃，经详加观察、多方询问，终于悟出了酵母制酒的原理与方法。最后，他选定高粱为原料，终于酿制出了香醇芳浓的"金门高粱酒"。

必购正宗地

台湾金门大顺酒厂股份有限公司在台湾拥有众多分店，如金门直营店（台湾金门金湖镇新市里国顺街22号）、高崎直营店（高崎机场"国内"出发厅）。

必知价格

高粱酒的价格在300~1000元，如58度、600毫升的金门高粱扁瓶酒338元/瓶。

台东释迦

必购特产 释迦又名番荔枝，因其外形像佛祖释迦牟尼的头部而得名，主要产自台湾的台东县，被誉为"热带水果之王"，每年秋季至次年开春都有出产。释迦在台湾深受喜爱，台东县人每年都要定期举行释迦节，邀请各方人士品尝，并选出释迦冠军。个大的释迦王曾以人民币一万多元一颗的高价卖出。现台东释迦已尝试销往日本、新加坡和祖国大陆等地，它以独特的造型与甜蜜的口感，加上浓浓的果香，深受广大消费者的喜爱。

必知鉴赏技巧 第一，看外观。正宗的台东释迦成熟时外观呈淡绿黄色，其果实表面有很多突起的鳞目，酷似佛教中释迦牟尼的头型。第二，品尝味道。释迦味道略甜，果实呈现为奶黄油色或乳白色并且具有浓郁的芳香，鲜食香甜，风味独特。

释迦

必享典故 根据《台湾府志》记载，释迦最早是由荷兰人引种入台栽培的，至今已有400多年的历史。它原产于热带美洲，又因为自"番邦"引入，故又被称为"番荔枝"。释迦大多分布于台湾东部及南部，其中以台东所种植的释迦最多，品质也最为优良。台东县释迦的产量占全台的80%左右，因甜分足、果粒大、品质好等优点，赢得了中外游客的盛赞。

必购正宗地 台东释迦是台东县的特产，在台东菜市场以及各大超市均有销售。

必知价格 台东释迦6元/500克左右。

金门贡糖

必购特产

金门贡糖是金门著名的特产,因制作手艺传统和质量上乘而源远流长。它用上等的花生仁、白砂糖、麦芽糖等作为原料,并采用民间传统工艺,用木棒"捶打"制作出来。相传在古代,嘉禾屿(厦门岛)的地方官员常常将闽南特色的素食小食品进贡给皇帝。皇帝品尝后赞赏不已。后来,民间将此糖传之为"贡糖",并流传至海外。

金门贡糖是随着厦门制饼师傅传入金门的,并被一般糕饼店制成品茗茶点。

必知鉴赏技巧

金门贡糖主要是从味道上来进行辨别。地道的金门贡糖选用多种高级的坚果食材,嚼起来软硬相宜、不燥不酥,味道清香酥脆。

必享典故

关于"贡糖"之名的来源,民间有这样两种说法:其一,人们说它曾经是民间用来朝圣的御膳贡品,因此冠上"贡"字;其二,贡糖在制作过程中,需要人力捶打,以求糖质绵密细致。闽南人称"打"为"贡",因此称为"贡糖"。

金门岛风光

必购正宗地

金门贡糖以圣祖贡糖最为正宗,圣祖食品公司在台湾拥有多家分店。如金城店(金门县金城镇中兴路88号);山外店(金门县金湖镇复兴路46号)。

必知价格

因贡糖的包装不同,其价格也不同。如一盒高档包装的贡糖大概90~100元,普通的一盒贡糖价格在20~30元。

红珊瑚

台湾自古以来就是我国红珊瑚的产地之一,也是世界上三大红珊瑚产地之一。红珊瑚是台湾最为著名的特产,以产量高、质地优而闻名世界。近年来,随着红珊瑚数量在全球范围内的持续下降,台湾的红珊瑚因为产量高而显得越来越重要。台湾红珊瑚的年产量在鼎盛时期可占世界产量的80%以上,有着举足轻重的地位。此外,台北还建有世界上唯一的一个红珊瑚博物馆。

选购红珊瑚时要注意四点:一要颜色均匀,正品的红珊瑚呈现蜡烛红色且有层次;二要颜色红艳,越红的珊瑚越珍贵;三要比重大,越重的珊瑚越好;四是要具有小而浅的圆形凹坑。此外,每款正品的红珊瑚均配有鉴定证书且证书可以在网上查询。

珊瑚爱

台湾珊瑚博物馆卖的红珊瑚质量比较有保证(台东县东河乡台11线旁146公里处)。

红珊瑚因种类繁多,所以价格差异较大,如一个正品红珊瑚首饰需要700元左右。

早在4000年前的新石器时代,中国人的祖先就已经把红珊瑚当做装饰品。在古代,红珊瑚常常被视为吉祥之物,代表着高贵权势,所以又被称为"瑞宝",是幸福与永恒的象征。据史料记载,汉武帝曾规定神堂内必须供奉珊瑚玉树盆景;西汉南越王赵佗因进献珊瑚树得到皇帝的奖赏;清朝二品官上朝穿戴的帽顶及朝珠均是由贵重的红珊瑚制成……这些历史资料都表明了红珊瑚在中国古代历史中所具有的独特文化内涵。

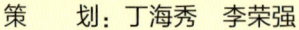

策　　划：丁海秀　李荣强

责任编辑：李荣强

部分图片提供：微图网　全景图片

图书在版编目（CIP）数据

醉美特产：中华特产品鉴全攻略／行摄旅途编辑部主编. --北京：旅游教育出版社，2014.3

ISBN 978-7-5637-2534-2

Ⅰ.①醉… Ⅱ.①行… Ⅲ.①特产—介绍—中国 Ⅳ.①F762.7

中国版本图书馆CIP数据核字（2012）第307042号

中华特产品鉴全攻略

醉美特产
中华特产品鉴全攻略

行摄旅途编辑部　主编

出版单位：	旅游教育出版社
地　　址：	北京市朝阳区定福庄南里1号
邮　　编：	100024
发行电话：	（010）65778403　65728372　65767462（传真）
本社网址：	www.tepcb.com
E－mail：	tepfx@163.com
印刷单位：	北京嘉业印刷厂
经销单位：	新华书店
开　　本：	710毫米×1000毫米　1/16
印　　张：	18.25
字　　数：	207千字
版　　次：	2014年3月第1版
印　　次：	2014年3月第1次印刷
定　　价：	39.80元

（图书如有装订差错请与发行部联系）